Tom Heinzle

WILD GEGRILLT

Tom Heinzle

WILD GEGRILLT

HEEL

Danke

Meiner Familie – meiner Frau Claudia und meinen Söhnen Lukas und Elias.
Markus Gmeiner und Karin Faltejsek von den
MATAK Studios – für die einzigartigen Bilder und die tolle Zusammenarbeit.
HEEL Verlag – dafür, dass ich die Möglichkeit bekommen habe, dieses Buch mit euch zu machen.
Fabian, Daniela und Stefan – für die spannenden Jagd-Erfahrungen und die tollen Gespräche.
Vielen Dank für die Unterstützung
Appenzeller Alpenbitter, Badische Staatsbrauerei Rothaus, Big Green Egg Deutschland,
Stay Spiced, Die Outdoorküche, Homefire Braai Comfort Trade, Ofyr, KAI Europe, Petromax

HEEL Verlag GmbH
Gut Pottscheidt
53639 Königswinter
Tel.: 02223 9230-0
Fax: 02223 9230-13
E-Mail: info@heel-verlag.de
www.heel-verlag.de

Autor: Tom Heinzle
Fotos: Matak Studios,
Markus Gmeiner und Katrin Faltejsek
Mit Ausnahme von:
© Adobe Stock: Hein Nouwens (32l),
Artemisss (32r), arxichtu4ki (34l),
b.illustrations (34r)

Gestaltung: Lukas Dümer, lukas-duemer.de
Covergestaltung:
Axel Mertens, HEEL Verlag GmbH
Lektorat: Julia Voigtländer, Köln
Projektleitung: Ulrike Reihn-Hamburger

Printed in Latvia

ISBN 978-3-96664-385-6

Inhalt

Die Mengenangaben beziehen sich in der Regel auf 4 Portionen.

Einige Worte vorab

Ganz klar: Fleisch gehört für mich, meine Küche und meine Grills einfach dazu. Allerdings haben mich die vielen Fleischskandale und die Bilder, die ich im Laufe der Zeit im TV zum Thema Massentierhaltung und Billigfleisch zu sehen bekam, meinen Fleischkonsum generell überdenken lassen. Auf hohe Qualität meiner Zutaten habe ich schon immer viel Wert gelegt, aber bei Fleisch finde ich das inzwischen ganz besonders wichtig.

Schon vor längerer Zeit kam ich durch einen guten Freund mit Wild und der Jagd in Berührung. Durch die Eindrücke der ersten Jagd, an der ich teilgenommen habe, war ich von Wildbret so fasziniert, dass ich beschlossen habe, mich mehr mit diesem Thema auseinanderzusetzen. So entstand dann auch das erste Grillbuch zum Thema Wild, das sogar einige Preise und Auszeichnungen erhalten hat.

Als dann die Anfrage für ein weiteres Grillbuch zum Thema Wild vom Verlag kam, habe ich mir längere Zeit Gedanken darüber gemacht. Warum ein weiteres Buch zu diesem Thema? Die Antwort war schnell gefunden: In den Jahren, die seit dem ersten Buch vergangen sind, habe ich viel Neues gesehen und kennengelernt. Ich war in verschiedenen Ländern und habe mich inspirieren lassen. So entstand ein völlig neues Buch mit sehr ausgefallenen Rezepten und perfekten Bildern, für die Markus und Karin von den MATAK Studios wieder mit an Bord waren.

Zum Thema Grillen

Ich gestehe, ich bin ein Freund des Feuers. Deshalb verwende ich, wann immer möglich, Grills, die mit Kohle oder Holz befeuert werden. Ich erinnere mich bis heute an meine erste Grillwurst am Lagerfeuer. Als mich später dann das Grillfieber gepackt hatte, startete ich mit einem Weber-Kugelgrill. Etwas später kam ein Gasgrill dazu und irgendwann war es das Thema BBQ, das mich begeisterte. Also war der nächste Schritt ein klassischer BBQ-Smoker. Das waren die Grillgeräte, die auch bei meinen ersten Seminaren mit am Start waren. Vor einigen Jahren entdeckte ich dann für mich den Keramikgrill. Und da ich das Gegenteil von einem technikverliebten Griller bin, kamen dann auch eine Feuerplatte und ein Braai dazu – also praktisch „back to the roots". Meine Rezepte änderten sich ebenfalls maßgeblich im Gegensatz zu früher. So strebe ich inzwischen bei jedem Gericht danach, beste Grundzutaten auf den Punkt zu bringen, den Eigengeschmack hervorzuheben und geschickt mit dem Geschmack anderer Lebensmittel zu verbinden.

Zu meinen bevorzugten Grillgeräten gehört dem entsprechend seit Jahren das Big Green Egg, ein Kamado allerbester Qualität. Außerdem der Ofyr, eine Kombination aus Feuerplatte und offenem Feuer, sowie der Homefire Braai, weil er eine komplett neue Möglichkeit bietet, Feuer und Rauch in die Gerichte einfließen zu lassen.

Aber ganz wichtig: Die Rezepte in diesem Buch sind genauso mit einem Gas- oder Elektrogrill umsetzbar. Das Prinzip ist immer dasselbe: Entweder direkte und dann indirekte Hitze, umgekehrt oder nur indirekte Hitze.

Direktes und indirektes Grillen

Egal, welches Grillgerät, wir unterscheiden immer zwischen direktem und indirektem Grillen.

Beim direkten Grillen befindet sich die Hitzequelle direkt unter dem Grillgut. Direktes Grillen ist immer dann die richtige Wahl, wenn mit großer Hitze das Grillgut schnell auf den Garpunkt gebracht oder Röstaromen geschaffen werden sollen.

Beim indirekten Grillen befindet sich die Hitzequelle neben dem Grillgut. Also entweder links oder rechts oder auch auf beiden Seiten. Direkt unter dem Grillgut befindet sich keine Hitze. Indirektes Grillen eignet sich daher für große Stücke wie Braten, ganze Hühnchen oder Ähnliches. Der Deckel des Grills ist beim indirekten Grillen in der Regel geschlossen, damit eine gleichmäßige Rundumhitze erzeugt werden kann.

Der Inbegriff des indirekten Grillens ist das klassische BBQ, bei dem das Grillgut mit relativ niedriger Hitze über lange Zeit gegart wird.

Sicherheit geht vor

Beim Grillen ist es wichtig, einige Maßnahmen zum Thema Sicherheit einzuhalten.

Zunächst muss für das Grillgerät ein sicherer Standort gewählt werden. Es ist unbedingt darauf zu achten, dass der Grill eben und sicher steht und sich nicht an einer Stelle befindet, an der er z. B. von Kindern umgestoßen werden kann.

Immer darauf achten, dass entweder ein Feuerlöscher oder eine Löschdecke (für Fettbrand) greifbar ist.

Dass keine Flüssiganzünder verwendet werden, versteht sich von selbst.

Nützliches Grillzubehör

Es gibt einiges an Zubehör, das ich gerne verwende:
Ich arbeite gerne mit der Gussplatte (Plancha), speziell bei kleinem Grillgut, Muscheln und Fisch.

Zudem ist der Dutch Oven von Petromax bei mir sehr viel im Einsatz, genau wie eine asiatische Wok-Pfanne und eine stabile Gusspfanne. Auch Metallsiebe in verschiedenen Größen zum Räuchern und Grillen kleinerer Lebensmittel habe ich immer mit dabei.

Räucherspäne mit verschiedenen Aromen sollten in keiner Ausrüstung fehlen.

Qualität

Wer mich kennt, der weiß, dass ich nur mit höchster Qualität arbeite. Ich achte auf beste Zutaten. Artgerechte Tierhaltung und Bio-Gemüse sind für mich nicht nur leere Marketing-Begriffe. Vielmehr achte ich sehr darauf, woher meine Lebensmittel kommen.

Ich spreche mit dem Metzger und Fachmann meines Vertrauens über die Herkunft des Fleisches und weiß, dass ich ihm vertrauen kann. Mein Gemüse und Obst kaufe ich, soweit es irgendwie möglich ist, direkt beim Bio-Bauern um die Ecke.

Wir müssen einfach begreifen, dass nur aus guten Lebensmitteln gute Gerichte werden können. Der Erfolg, ein richtig gutes Rezept zu kreieren, hängt maßgeblich auch von der besten Qualität der Grundprodukte ab. Darum hat Qualität für mich oberste Priorität.

Zum Glück hat sich in den letzten Jahren einiges verändert. Viele Konsumenten sind qualitätsbewusster geworden und kaufen anders ein als früher. Sie sind kritisch – und das ist gut so. Wir haben damit einen guten Weg eingeschlagen und sollten diesen auch weitergehen. Wir selbst haben es in der Hand, etwas zu verändern.

Wir müssen lernen, dass Essen weit mehr ist, als satt zu werden. Essen ist Balsam für die Seele, Essen macht glücklich. Darum ist es umso wichtiger, die Zutaten mit Bedacht auszuwählen und zu hinterfragen, woher sie kommen.

Dasselbe wie für die Lebensmittel gilt bei mir für alles andere genauso. Ich arbeite nur mit bester Qualität, angefangen von den Grills, die ich schon beschrieben habe, bis zum Schneidebrett, der Grillzange und eigentlich allem, was ich benutze.

Besonders wichtig für mich sind die Messer, mit denen ich arbeite. Ich benutze ausschließlich japanische Messer der Marke KAI. Und das seit vielen Jahren. Die japanische Perfektion und die Demut, die dieses Land ausstrahlt und vorlebt, sind für mich äußerst inspirierend. Es gibt daher nicht viele Länderküchen, die mich auf ihre Art so stark faszinieren wie die japanische. Das klingt vielleicht etwas ungewöhnlich für jemanden, der Essen am liebsten auf dem Grill zubereitet. Aber doch prägt mich diese Küche sehr. Dieser ungebrochene Drang, aus den Zutaten ein perfektes Gericht zu erschaffen, und das sehr oft in einer erstaunlichen Schlichtheit, ist absolut faszinierend.

Gewürze und Gewürzmischungen

Gewürze sind Geschmackssache, keine Frage. Jeder hat seine persönlichen Vorlieben und Geschmacksrichtungen. Es gibt ja mittlerweile auch eine Vielzahl an Grill- und Barbecue-Gewürzen auf dem Markt. Ich selbst habe in einigen meiner Bücher auch immer wieder eigene Gewürzmischungen zu den Rezepten entwickelt.

Meine Gerichte leben von guten Gewürzmischungen und diese können nur mit guten Grundgewürzen entstehen. Und ich freue mich sehr, dass ich mit Stay Spiced einen Partner gefunden habe, der meine Leidenschaft für Gewürze und meinen Anspruch an beste Qualität teilt und mit dem ich meine Gewürzmischungen und Ideen umsetzen konnte.

Zusammen mit Stay Spiced habe ich daher schon viele äußerst hochwertige Gewürzmischungen entwickelt, die sich komplett von den anderen auf dem Markt befindlichen Mischungen unterscheiden. Diese Produkte setze ich auch bei meinen Rezepten in diesem Buch ein. Sie werden in den Rezepten genauso bezeichnet, wie sie im Handel erhältlich sind.

Wilde Gerichte im Tom-Style

Ich bin der Meinung, dass in der Wildküche viel mehr steckt, als bisher gezeigt wurde! Zwar steht in manchen Ländern das Wildbret das ganze Jahr über in den Restaurants auf den Speisekarten – in meiner Heimat allerdings ist es sehr saisonal und vorwiegend im Herbst zwischen Oktober und November in der Gastronomie erhältlich. Dabei beginnt die Wildsaison doch genaugenommen bereits im Mai mit dem Mai-Bock!

Ich versuche in diesem Buch, das Lebensmittel Wild modern und ausgefallen zu präsentieren. Weg von den Klassikern wie geschmorte Rehkeule mit dunkler Sauce, Rotkohl und Knödeln hin zu modernen Gerichten mit Einflüssen aus verschiedenen Ländern wie z. B. Tafelspitz vom Hirsch mit Glutlauch und Buchenpilzen.

Dass ich kein Freund ausgetretener Pfade bin, das wissen ja alle, die mich kennen, bereits. So kam ich irgendwann auch an den Punkt, an dem ich meinen eigenen Grill-Stil, den sogenannten Tom-Style, entwickelt habe. Und diesen Style ziehe ich bei allen meinen Gerichten durch, frei nach der Devise: Erlaubt ist, was schmeckt, denn Geschmack ist alles, was zählt.

Es gibt jedoch einige Dinge, die beim Grillen von Wildbret unbedingt beachtet werden müssen. Wild hat nämlich kaum intramuskuläres Fett und wird deshalb im Nu trocken. Kerntemperaturen müssen also genau eingehalten werden und darum empfehle ich, im Zweifelsfall mit einem Kerntemperatur-Messgerät zu arbeiten. Wild ist äußert zart, daher arbeite ich mit eher leichten Röstarmen. Auch beim Räuchern gehe ich eher dezent vor, damit das Aroma des Fleisches nicht überdeckt wird. Ich strebe bei meinen Gerichten immer meine persönliche „Dreifaltigkeit“ an: Rauch/Röstaromen – Eigengeschmack des Lebensmittels – Würze. Ist das alles in einem Gericht verbunden, ist es für mich perfekt!

Aromatisierte Öle und Essige

Aromatisierte Öle und Essige spielen bei mir eine große Rolle. Ich sammle oft verschiedene Kräuter oder ich zupfe frische grüne Triebe von Fichten oder Tannen und setze diese in Öl oder Essig an. Ich bin immer wieder verblüfft, wie man so den Geschmack über längere Zeit erhalten kann. Der Fantasie sind da überhaupt keine Grenzen gesetzt. Wenn ich irgendwo schöne, geschmackvolle Blüten, wie zum Beispiel vom Holunder oder auch vom Mädesüß finde, setze ich diese sofort in einem guten Weißweinessig an. Das Ganze lasse ich 2–3 Monate ziehen und habe dann einen tollen Würzessig.

Die Tannen- oder Fichtentriebe sammele ich im März oder April, sobald sie zum Vorschein kommen. Natürlich achte ich darauf, dass ich nicht zu viel von einem Baum ernte. Die Triebe wasche ich dann unter fließendem Wasser und lasse sie auf einem Tuch trocknen.

Würzöl mit Tannen- oder Fichtentrieben

Die Triebe in die Flasche geben, dann mit Olivenöl aufgießen, bis die Flasche voll ist. Das Öl gut verschlossen 3–4 Monate ziehen lassen, damit sich das Tannen- bzw. Fichtenaroma entfalten kann.

4 HANDVOLL	GEWASCHENE TRIEBE
1	GUT VERSCHLIESSBARE FLASCHE (CA. 1 L INHALT)
KNAPP 1 L	GUTES, ABER NICHT ZU GESCHMACKSINTENSIVES OLIVENÖL

Würzessig mit Tannen- oder Fichtentrieben

Die Triebe in die Flasche geben. Falls vorhanden, einige Holunderblüten mit hinzufügen. Dann mit dem Essig aufgießen, bis die Flasche voll ist. Den Essig gut verschlossen 2–3 Monate ziehen lassen. Der Würzessig passt perfekt zu jedem Salat.

4 HANDVOLL	GEWASCHENE TRIEBE
OPTIONAL:	EINIGE HOLUNDERBLÜTEN
1	GUT VERSCHLIESSBARE FLASCHE (CA. 1 L INHALT)
KNAPP 1 L	MILDER WEISSWEINESSIG

Beifußöl

Die Beifußblätter in die Flasche geben. Danach mit dem Olivenöl aufgießen, bis die Flasche voll ist. Anschließend mit dem Deckel verschließen und 2–3 Monate ziehen lassen. Während dieser Zeit die Flasche öfters leicht schütteln.

4 HANDVOLL	GEWASCHENE UND GETROCKNTE BEIFUSSBLÄTTER
1	GUT VERSCHLIESSBARE FLASCHE (CA. 1 L INHALT)
KNAPP 1 L	GUTES, ABER NICHT ZU GESCHMACKSINTENSIVES OLIVENÖL

Tannenwipfelsalz

Das Tannenwipfelsalz ist ganz einfach herzustellen – eigentlich mischt man nur 2 Zutaten. Aber das Ergebnis ist sensationell.

Die Tannentriebe zusammen mit 2 EL Flockensalz in der Küchenmaschine zu einem Pulver verarbeiten. Das restliche Salz mit dem Pulver vermischen und in einem verschließbaren Behälter etwa 2 Monate ziehen lassen. Während dieser Zeit das Salz einige Male durchschütteln.

4 HANDVOLL	GEWASCHENE UND GETROCKNETE TANNENTRIEBE
1 KG	HIMALAYASALZ-FLOCKEN

Salzzitronen

Die Salzzitronen habe ich einmal während der Grill-Weltmeisterschaft in Marokko entdeckt. Ich mache sie seither immer selbst und setze sie bei deftigen Speisen und Fisch, aber auch in Veggie-Gerichten und Desserts ein.

Den Backofen auf 120 °C (Ober- und Unterhitze) vorheizen. 1 Liter Wasser in einem Topf erhitzen und das Salz darin auflösen. Die gewaschenen Zitronen im Salzwasser etwa 5 Minuten kochen.

Die Zitronen in das saubere Glas geben und mit dem Salzwasser auffüllen. Mit dem Deckel verschließen und für 30 Minuten in den vorgeheizten Backofen stellen. Herausholen und abkühlen lassen. Nach ca. 4 Wochen sind die Salzzitronen verzehrfertig. Sie halten sich in der Regel mehrere Monate.

100 G	SALZ
4	BIO-ZITRONEN
1	GROSSES GLAS MIT SCHRAUBDECKEL

Mayonnaise

Mayonnaise verwende ich sehr gerne. Ich mache so eine Art Basis-Mayonnaise, die ich dann mit verschiedenen Aromagebern veredele. Wichtig ist bei einer selbst gemachten Mayonnaise, dass die Zutaten alle dieselbe Temperatur haben und dass die Eigelbe absolut frisch sind. Es versteht sich von selbst, dass ich nur Bio-Eier verwende. Beim Öl setze ich eher auf ein geschmacksneutrales Öl wie Raps- oder Sonnenblumenöl. Die verschiedenen Mayonnaisen fülle ich immer in Spritzflaschen ab, damit ich sie besser dosieren kann.

Alle Zutaten in einen hohen Becher geben. Der Durchmesser des Bechers sollte nicht viel breiter sein als der Pürierstab. Den Pürierstab auf den Grund des Bechers stellen und starten. Einige Sekunden auf dem Boden lassen, dann sehr langsam nach oben ziehen. Dabei verbinden sich die Zutaten. Eventuell den Pürierstab noch ein paar Mal auf und ab bewegen und fertig ist die Mayonnaise. Sollte die Mayonnaise zu flüssig sein, etwas mehr Öl einrühren.

4	EIGELB
16 EL	SONNENBLUMENÖL
1 TL	MILDER SENF
1 PRISE	SALZ

Miso-Mayonnaise

Die Mayonnaise vorsichtig mit der Misopaste vermengen.

- 4 EL **BASIS-MAYONNAISE** 20
- 1 EL MILDE MISO-PASTE (AUS DEM ASIA-SHOP)

Yuzu-Mayonnaise

Die Mayonnaise vorsichtig mit dem Yuzu-Saft vermengen. Falls sie zu wenig Geschmack hat, einfach etwas mehr Yuzu-Saft unterrühren.

- 4 EL **BASIS-MAYONNAISE** 20
- 2 TL YUZU-SAFT (ERSATZWEISE YUZU-PASTE, BEIDES IM ASIA-SHOP ERHÄLTLICH)

Chili-Mayonnaise

Die Mayonnaise vorsichtig mit der Sriracha-Sauce und dem Knoblauch vermengen. Falls du es richtig scharf magst, einfach die Menge an Sriracha-Sauce erhöhen.

- 4 EL **BASIS-MAYONNAISE** 20
- 1 EL SRIRACHA-SAUCE (ODER EINE ANDERE CHILISAUCE NACH GESCHMACK)
- 1 TL PÜRIERTER KNOBLAUCH

BBQ-Sauce

Das Olivenöl in einem Topf bei direkter Hitze (200 °C) erhitzen und die Zwiebelstücke darin glasig andünsten, bis sie eine leicht braune Farbe bekommen. Mit dem Whisky ablöschen und einige Minuten warten, bis die Flüssigkeit zum Großteil verkocht ist. Die Hitze auf ca. 80 °C reduzieren, die restlichen Zutaten in den Topf geben und unterrühren. Das Ganze ca. 30 Minuten ziehen lassen.

2 EL	OLIVENÖL
1	MITTELGROSSE ZWIEBEL, FEIN GEHACKT
150 ML	WHISKY
400 G	GUTES KETCHUP
2 EL	BRAUNER ZUCKER
1 EL	APFELESSIG
3 EL	SOJASAUCE
2 EL	DIJON-SENF
1 TL	NICHT ZU SCHARFE CHILIFLOCKEN
1 PRISE	SALZ
2	KNOBLAUCHZEHEN, GERIEBEN
1 TL	GEMAHLENER KREUZKÜMMEL

Essigzwiebeln

Essigzwiebeln liebe ich. Der süßsaure Geschmack lässt sich wunderbar mit vielen verschiedenen Lebensmitteln kombinieren und sie sehen dazu noch klasse aus.

Den Essig erwärmen und den Zucker darin auflösen. Die Zwiebeln in feine Ringe schneiden und in die Schraubgläser verteilen.

Die Essig-Zucker-Mischung aufkochen und über die Zwiebeln gießen, bis das Glas fast voll ist. Mit dem Schraubdeckel verschließen und auf den Kopf stellen, bis sie ausgekühlt sind.

500 ML	HIMBEERESSIG
4 EL	BRAUNER ZUCKER
800 G	ROTE ZWIEBELN,
4	SCHRAUBGLÄSER (250–300 ML)

Senfkaviar

Den Essig und das Wasser in einen Topf geben und aufkochen. Den Zucker in der Mischung auflösen. Die Senfkörner und die Chiliflocken in die Flüssigkeit geben und alles 45 Minuten bei mittlerer Hitze leicht köcheln lassen.

Dann das Ganze heiß in die Gläser füllen. Die Gläser mit dem Deckel gut verschließen und auf den Kopf stellen. Wenn das Glas abgekühlt ist, wieder umdrehen und an einem kühlen Ort ruhen lassen. Nach 2–3 Wochen ist der Senfkaviar zum Verzehr bereit. Verschlossen und gekühlt ist er mindestens 10 Monate haltbar.

300 ML	WEISSWEINESSIG
120 ML	WASSER
50 G	ZUCKER
300 G	SENFKÖRNER
1 EL	NICHT ZU SCHARFE CHILIFLOCKEN
2	SAUBERE GLÄSER MIT SCHRAUBDECKEL

Gezuckerte Cranberrys

Diese gezuckerten Cranberrys lassen sich universell einsetzen – ich verwende sie für deftige genauso wie für süße Gerichte.

Die Cranberrys waschen und halbieren. In einer Schale mit dem Zucker bestreuen und gut durchmischen. Dann die Beeren in ein Sieb geben und das Sieb in einen Behälter stellen, in den die Flüssigkeit abtropfen kann. Das Ganze 4–5 Tage ziehen lassen. Zwischenzeitlich immer wieder vorsichtig durchmischen. Die gezuckerten Beeren halten sich in einem geschlossenen Behälter im Kühlschrank 3–4 Wochen.

300 G	FRISCHE CRANBERRYS
5 EL	BRAUNER ZUCKER

Schwarze Nüsse

Schwarze Nüsse sind eine großartige Möglichkeit, die unreifen grünen Früchte des Walnussbaums zu verarbeiten. Diese aromatischen Nüsse passen wunderbar zu Wildgerichten, aber auch sehr gut zu verschiedensten Desserts. Ich habe diese schwarzen Nüsse einmal auf einem Markt entdeckt und war sofort begeistert. Beim Gespräch mit der Marktfrau habe ich dann erfahren, dass die Art der Verarbeitung schon uralt ist. Zugegeben, das ganze Verfahren ist etwas aufwendig, aber das Ergebnis wird dich überzeugen.

Handschuhe anziehen, da die Nüsse sehr stark abfärben! Die Nüsse mit einer Rouladennadel rundum mehrmals (10- bis 15-mal) einstechen, dann in kaltes Wasser legen und an einen kühlen Ort stellen. Das Wasser 14 Tage lang täglich wechseln. Während dieser Zeit verändern die Nüsse ihre Farbe von grün zu schwarz.

Die Nüsse aus der Lake holen und mit frischem kaltem Wasser aufsetzen. 30 Minuten kochen, dann abgießen, kalt abspülen und abtropfen lassen.

1 ½ Liter Wasser mit 1,4 kg Zucker, Vanille, den Gewürzen und dem Salz aufkochen, bis sich der Zucker aufgelöst hat. Etwas abkühlen lassen, dann über die Walnüsse gießen und alles einen Tag stehen lassen.

Am nächsten Tag den Sirup abgießen und auffangen. 100 g Zucker dazugeben und aufkochen, etwas abkühlen und wieder über die Nüsse geben, stehen lassen.

Am folgenden Tag noch einmal wiederholen.

Am 4. Tag die Nüsse zusammen mit dem Sirup aufkochen, dann in saubere Gläser füllen, diese verschließen und die schwarzen Nüsse sechs Monate an einem kühlen Ort reifen lassen.

1 KG	GRÜNE, UNREIFE WALNUSSKERNE
1,6 KG	FEINKRISTALLZUCKER
1 TL	VANILLEPULVER
3	NELKEN
1 EL	PIMENTKÖRNER
¼ TL	GERIEBENE MUSKATNUSS
½ TL	SALZ

Rum-Rotwein-Zwetschgen

Daniela und Ralf, zwei liebe Freunde aus dem Nachbardorf, die oft auf Wochen- oder Weihnachtsmärkten präsent sind, haben sich auf das Einlegen von Früchten und von Gemüse spezialisiert. Bei unserem letzten Treffen haben sie mir ein Glas mit Rum-Rotwein-Zwetschgen zum Probieren in die Hand gedrückt. Zu Hause angekommen habe ich das Ganze sofort gekostet – und ich kann nur sagen: einfach absolute geschmackliche Bombe!

Die Zwetschgen halbieren und den Kern entfernen. In einen Dutch Oven geben, mit dem Zucker vermischen und 2 Stunden ziehen lassen.

Den Wein und den Rum zu den Zwetschgen gießen und die Vanille sowie die Zimtstange dazugeben. Das Ganze auf dem Grill bei mittlerer Hitze 5 Minuten kochen. Danach die Zimtstange entfernen und die Zwetschgen mit der Flüssigkeit in saubere Schraubgläser füllen. Sofort verschließen. Die geschlossenen Gläser im vorgeheizten Grill bei 110–120 °C indirekter Hitze 25 Minuten einkochen.

2 KG	NICHT ZU REIFE ZWETSCHGEN
600 G	KRISTALLZUCKER
700 ML	ROTWEIN
300 ML	RUM
1 TL	VANILLEPULVER
1	ZIMTSTANGE

Wildkräuter

Ich wohne ja auf dem Land, und zwar im Vorarlberger Rheintal, unweit der Schweizer Grenze und ca. 20 km vom Bodensee entfernt. Ich bin also ein Landei, wie es im Buche steht. Daher ist es nicht unbedingt verwunderlich, dass ich vor einigen Jahren angefangen habe, mich mit Wildkräutern und deren Wirkung zu beschäftigen. Ich war zu dieser Zeit äußerst neugierig auf das alte Wissen unserer Großeltern, besonders in Bezug auf Heilkräuter. Zugegeben, für Menschen, die in der Stadt wohnen, ist es nicht ganz leicht, an die passenden Kräuter zu kommen. Auf jeden Fall aber möchte ich meine Lieblings-Wildkräuter in diesem Buch vorstellen.

Mit der Zeit ist leider viel Wissen um die Wildkräuter verloren gegangen. Glücklicherweise gibt es in meiner Gegend aber noch einige kräuterkundige Menschen, die ihr Wissen auch gerne weitergeben. Im benachbarten Allgäu gibt es außerdem eine tolle Institution, Artemisia (lat. für Beifuß), die auch regelmäßig Kräuterausbildungen anbietet. Dort habe ich einige Zeit verbracht und auch Kurse zum Thema Naturkochen abgehalten. Ich war bei Gesprächen mit den Mitarbeitern immer wieder fasziniert, welche Schätze uns die Natur bereithält.

Irgendwie hat es sich dann aus reiner Neugier und ständigem Probieren ergeben, dass einige Wildkräuter auch ihren Weg in meine Gerichte gefunden haben. Speziell bei Wildgerichten arbeite ich sehr gerne mit Kräutern, Blüten und mit dem, was die Natur sonst noch so zu bieten hat.

Es gibt natürlich – wie immer und überall – einige Regeln, die bei der Ernte und Verwendung von wilden Kräutern aus der Natur zu beachten sind:

- Verwende nur Kräuter, die du auch wirklich kennst und bestimmen kannst.
- Ernte nur so viel, wie du auch brauchst.
- Nimm nicht alles von einem Platz – die Regel lautet: 1 von 10
- Ernte keine Kräuter, die direkt am Wegesrand stehen (Autoabgase, Hunde-Urin oder -Kot etc.).
- Wasche die Kräuter vor der Verwendung gründlich.

Im Folgenden findest du einige meiner Favoriten für meine Gerichte.

Big
Green
Egg

Dost/Oregano Wilder Majoran

Der Dost wird in der Küche genauso eingesetzt wie der normale Garten-Majoran, hat aber einen viel stärkeren Geschmack. Kein Wunder, der Anteil an ätherischen Ölen in dieser Pflanze ist mit etwa 4 % nämlich sehr hoch. Das Heilkraut kann als Gewürz zu dunklem Fleisch, in Saucen und bei der Wursterzeugung eingesetzt werden. Außerdem passt der Dost gut zu allen mediterranen Speisen.

Heilwirkungen (Auszug)

In der Heilkunde ist der Dost ein richtiges Allroundtalent. Man setzt ihn getrocknet als Tee bei Blähungen, Krämpfen, Durchfall, Husten, Schlaflosigkeit oder bei Herzklopfen ein. Auch bei Bindehautentzündung und Nervenschwäche wird der Dost gerne von Heilpraktikern angewendet.

Beifuß

Beifuß wurde früher vor allem bei schwerem, fettem Essen wie Gänse- oder Schweinebraten fein gehackt in die Sauce gemischt. Beifuß hat eine verdauungsfördernde, appetitanregende Wirkung und gibt Saucen eine feine Würze. Der Geschmack der jungen Triebe und der zarten Stängelspitzen erinnert an Artischocken und passt bestens in Salate.

Heilwirkungen (Auszug)

Beifußtee vom Kraut (frisch oder getrocknet) wirkt bei Magenstörungen und üblem Mundgeruch sowie bei Nervenkrankheiten und Leberleiden. Auch zur Behandlung von Wunden wird der Beifuß sehr gerne eingesetzt.
Getrocknete Beifußblätter in einem Kräuterkissen helfen bei Schlafstörungen und fördern eine tiefe, erholsame Nachtruhe.

Giersch

Neben der Brennnessel ist Giersch eines unserer ältesten Wildgemüse. Aus jungen Gierschblättern lässt sich Wildsalat oder Wildspinat zubereiten. Getrocknete oder frische ältere Blätter sind ein Petersilien-Ersatz und aromatisieren Gemüsegerichte, Aufläufe oder Suppen. Überall, wo Petersilie passt, schmeckt auch Giersch. Die Samen des Giersch lassen sich ebenfalls als Würze einsetzen.

Heilwirkungen (Auszug)

Der Giersch wirkt entgiftend, blutreinigend und harnsäuretreibend

Gelbe Taubnessel

Die jungen Blätter der Pflanze können im Frühling als Spinatersatz dienen und genauso wie dieser zubereitet werden. Auch in einem Wildkräutersalat macht sich die Taubnessel sehr gut, weil sie einen angenehm nussigen Geschmack hat. Die frischen Blüten sehen im Salat nicht nur gut aus, sie schmecken außerdem köstlich.

Der Tee aus den Blüten schmeckt sehr gut und wird deshalb auch gerne als Frühstücks- oder Abendtee zubaereitet.

Pulverisierte getrocknete Blüten sind ein tolles Küchengewürz für Gemüsespeisen, Suppen, Kalbfleisch und Geflügel.

Heilwirkungen (Auszug)

Die Taubnessel hilft bei vielen Frauenleiden. Taubnesseltee kann für ältere Menschen eine wirkungsvolle Schlafhilfe sein und gilt als eines der besten Mittel bei einer Blasenlähmung.

Beinwell

Die Blätter und Blüten des Beinwells mische ich gerne in Beilagensalate – einmal, weil der Beinwell optisch eine schöne Erscheinung ist und außerdem, weil er richtig gut schmeckt.

Heilwirkungen (Auszug)

Beinwell hat eine blutstillende, stopfende, harnsäurelösende und wundheilende Wirkung. Häufig wird Beinwell als Salbe angewendet, als Tee kann er aber auch Husten lindern.

Gänse-blümchen

Das Gänseblümchen schaut nicht nur wunderschön aus, nein, es schmeckt auch richtig lecker. Ich mische sowohl Blüten als auch Blätter gerne in meinen Wildkräutersalat. Man kann die Gänseblümchen natürlich auch in Aufstriche mischen oder aus den geschlossenen Blütenknospen Gänseblümchenkapern machen. Ich liebe den leicht süßlichen Geschmack der Blüten und finde, er ist eine tolle Ergänzung in eher bitteren Frühlingskräuter-Salaten.

Heilwirkungen (Auszug)

Das Gänseblümchen wirkt blutreinigend, schleimlösend und wassertreibend. Man kann sie roh verzehren oder auch getrocknet als Tee genießen.

Wald-sauerklee

Waldsauerklee schätze ich für seinen leicht säuerlichen Geschmack. Ich setze ihn gerne in Wildkräutersalaten ein, mache aber auch Pesto daraus und nutze ihn als säuerliche Komponente in herzhaften Speisen. Kleiner Tipp: Mische ganz fein gehackten Sauerklee in Vanilleeis – der Geschmack wird dich überraschen.

Heilwirkungen (Auszug)

Der Sauerklee sollte nicht in zu großen Mengen verzehrt werden, da er leicht giftig ist. Er ist harntreibend, aber auch sehr durstlöschend, wenn man ihn als Kaltschale mit Mineralwasser und Zitrone ansetzt.

Löwenzahn

Frische junge Löwenzahnblätter ergeben einen leicht bitteren Salat. Gekocht werden sie wie Spinat zubereitet und schmecken auch ähnlich. Außerdem kann man aus Löwenzahnblüten einen sehr leckeren Löwenzahnlikör machen. Die noch nicht geöffneten Knospen können in Essig oder Salz eingelegt haltbar gemacht und wie Kapern verwendet werden.

Heilwirkungen (Auszug)

Der Löwenzahn ist gallenflussfördernd, nierenanregend, leberstärkend und stoffwechselanregend.

Brennnessel

Die jungen Blätter der Brennnessel verwende ich gerne als Deko oder in Salaten. Mit den Samen verleihe ich Pürees einen leichten Crunch oder ich streue sie als Deko über Speisen. Der feine, ganz besondere Geschmack rundet viele verschiedene Gerichte perfekt ab.

Heilwirkungen (Auszug)

Die Brennnessel als Tee getrunken wirkt stoffwechselanregend, durchfallhemmend, blutdrucksenkend, wassertreibend, blutreinigend und cholesterinsenkend. Vorsicht bei der Ernte – am besten Handschuhe tragen!

Bärlauch

Die Blätter des Bärlauchs werden am besten frisch zubereitet. Konserviert oder getrocknet verliert der Bärlauch sehr stark an Geschmack. Bärlauch passt bestens in Salate, Saucen, als Pesto oder zu Meeresfrüchten, Fisch und allen Arten von Fleisch. Ich verwende auch gerne die geschlossenen Blüten, quasi die Knospen, des Bärlauchs als Deko oder als Topping auf Gemüse und Salat. Außerdem setze ich im Frühjahr gerne ein Bärlauchöl mit jungen Blättern und bestem Olivenöl an, mit dem ich meine Speisen aromatisieren kann.

Heilwirkungen (Auszug)

Der Bärlauch wirkt blutdrucksenkend und unterstützt bei der Vorbeugung von Gefäßverkalkung. Außerdem ist er reinigend und harntreibend.

Die Jagd

Gemeinsam mit der Rothaus Brauerei organisiere ich mehrmals im Jahr die Veranstaltung „Feuer, Wild und Zäpfle“ im Schwarzwald. Bei diesen Events lernte ich Fabian, Daniela und Stefan kennen. Alle drei sind passionierte Jäger, Stefan und Daniela zudem noch als Nachsuchenführer anerkannt. Mit Fabian verbindet mich mittlerweile eine tolle Freundschaft. Er hat mich auch bei den Texten zum Thema Jagd unterstützt.

Die Jagd an sich ist eines der ältesten Handwerke, die es gibt. In der Jägersprache wird es auch als „Waidwerk“ bezeichnet. Leider wird die Tätigkeit des Jägers oft nur auf das Töten der Tiere reduziert – dabei reicht die Arbeit des Jägers weit über das Erlegen der Tiere hinaus. Was also zählt alles zu seinen Aufgaben? Ich hatte die Gelegenheit, einen Jäger bei der Jagd zu begleiten und ihm bei seiner Arbeit über die Schulter zu schauen.

Um allen Aufgaben gerecht zu werden, bedarf es zunächst einer umfassenden Ausbildung. Deshalb wird die Jagdprüfung auch als „grünes Abitur“ bezeichnet.

Zur Tätigkeit des Jägers gehört es, Lebensräume für Wildtiere zu schaffen. Der Mensch kultiviert die Landschaft immer mehr: Siedlungen, dichter Verkehr, Forst- und Wanderwege, der allgemeine Freizeittourismus und die Schaffung immer größerer Agrarflächen verdrängen das Wild langsam, aber stetig aus seinem natürlichen Lebensraum. So besteht die Aufgabe des Jägers zum Teil darin, Nahrungsangebote und Rückzugszonen für das Wild zu schaffen. Durch die veränderte Agrarlandschaft (Mais, Raps, Weizen) vermehrt sich das Wild gleichzeitig stark. Auch der Klimawandel trägt seinen Teil bei, weil er ebenfalls zu einem Überangebot an Nahrungsquellen (z. B. Eicheln, Bucheckern) führt. Spezialisierte Wildarten verschwinden, andere Wildarten vermehren sich je nach Region explosionsartig. So entstehen auch Lebensräume für invasive Wildarten. Somit bedeutet Jagd natürlich auch, Wildbestände zu regeln.

Die Grundvoraussetzung für eine waidgerechte Jagd, also eine Jagd, die sich an den anerkannten Verhaltenskodex hält, sind nebst der Ausbildung zum Jäger auch die richtige Ausrüstung und das passende Handwerkszeug, wie zum Beispiel die Waffe, waidgerechte Munition, Optik (Fernglas, Zieloptik), Messer und geeignete Kleidung.

Eine weitere wesentliche Voraussetzung ist das Wissen um Jagd- und Schonzeiten sowie auch das Kennen der Wildbestände (schwache, verletzte oder alte Tiere) im eigenen Revier. Einer der wichtigsten Punkte ist hier die Beachtung des Muttertierschutzes.

Big Green Egg

Die Ansitzjagd

Bei der Ansitzjagd handelt es sich um eine Jagdart, bei der der Jäger dem Wild an einer geeigneten Stelle (in der Regel der Hochsitz) auflauert. Der Hochsitz ermöglicht dem Jäger ein sicheres Erkennen und Beurteilen des Wildes (Ansprechen), ein sicheres Schießen sowie einen Witterungsschutz.

Die Ansitzjagd bietet den Vorteil, dass sich das Wild ruhig und sicher im Sichtfeld des Jägers bewegen kann. Das erleichtert das gezielte Ansprechen des Wildes. Unter Ansprechen versteht der Fachmann die präzise Beobachtung, Identifizierung und Beurteilung des Wildes vor einer eventuellen Schussabgabe.

Der Erfolg der Ansitzjagd hängt maßgeblich von der Auswahl des richtigen Hochsitzes für die bestehenden Wind- und Witterungsverhältnisse ab. Wenn der Jäger sich sicher ist, dass alle Voraussetzungen für einen sicheren Schuss gegeben sind, kommt es zur Schussabgabe.

Die Bewegungsjagd

Eine weitere Jagdform ist die Bewegungsjagd. Im Gegensatz zur Ansitzjagd wird hier das Wild von Treibern oder Hunden beunruhigt und so aus seinen Einständen getrieben oder „gedrückt“. Die Bewegungsjagd ist eine Gesellschaftsjagd, die von mehreren Jägern gemeinsam durchgeführt wird.

Nachsuche

Eine weitere wichtige Aufgabe im Sinne der tierschutzgerechten Jagdausübung ist es, verletzte Tiere (Wildunfall) schnellstmöglich zu finden und zu erlösen. Hier kommen anerkannte Nachsuchengespanne zum Einsatz. Diese bestehen aus einem erfahrenen Hundeführer und seinem ausgebildeten Jagdhund.

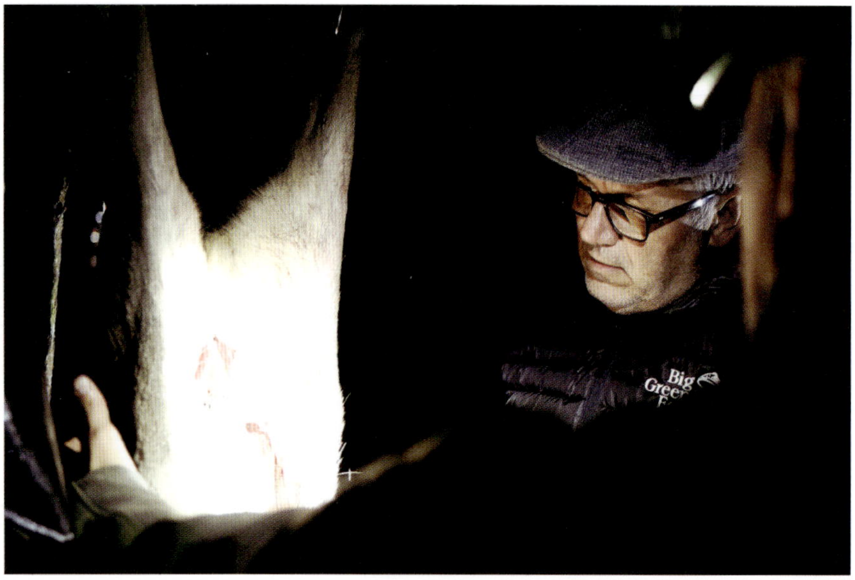

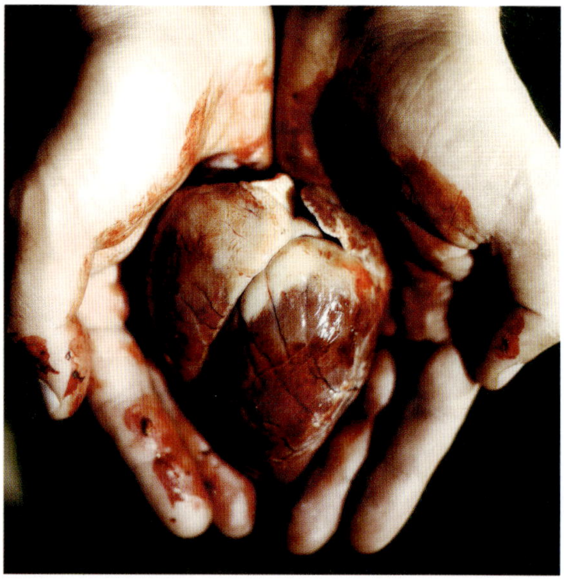

Nach der Jagd

Vor der Bergung des erlegten Wildes verlangt es der Brauch, dem Tier symbolisch den letzten Bissen, z. B. einen Tannenzweig, quer in den Äser (Maul) zu legen. Das symbolisiert die letzte Mahlzeit vor dem Tod und soll Respekt ausdrücken.

Nach der Bergung des erlegten Wildes wird dieses zeitnah in eine Wildkammer gebracht, damit es in einem hygienisch einwandfreien Umfeld aufgebrochen werden kann. Beim Aufbrechen werden die Eingeweide entfernt, das Wild kühlt ab und somit können mögliche Verunreinigungen durch Kot und Galle verhindert werden.

In der Wildkammer findet eine der wichtigsten Arbeiten am aufgebrochenen Tier statt, die Fleischbeschau. Bei der Fleischbeschau werden beim aufgebrochenen Tier die Organe und der Wildkörper auf bedenkliche Merkmale wie Parasiten und Krankheiten untersucht. Der Gesetzgeber überträgt bei erlegtem Wild dem Jäger die für Schlachttiere vorgeschriebene amtliche Fleischuntersuchung.

Bei bestimmten Wildarten wie z. B. Schwarzwild (Wildschwein) ist eine behördliche Untersuchung auf Trichinen und Cäsium vorgeschrieben. Zu dieser Untersuchung sendet der Jäger eine Probe von stark durchblutetem Gewebe und Muskelfleisch an das zuständige Labor zur Untersuchung und Freigabe.

Jetzt hat der Jäger, welcher das Tier erlegt hat, die Möglichkeit, Leber, Herz und Niere für sich zu beanspruchen – das kleine Jägerrecht.

Anschließend wird das Wild in die Kühlung gebracht. Hier kann das Wildbret für einige Tage entweder in der Decke (Fell) oder aus der Decke geschlagen (ohne Fell) vor der Zerlegung reifen. Bei der Dauer der Reifung spielt der persönliche Geschmack eine entscheidende Rolle.

Nach der Reifezeit wird das Wild aus der Decke geschlagen (wenn das noch nicht erfolgt ist) und ist somit breit für das Zerwirken. Das Zerwirken findet wiederum in einem separaten Raum unter den vorgeschriebenen hygienischen Bedingungen statt. Mit diesem Schritt wird der Jäger zum Fleischerzeuger und Händler.

Reh, Hirsch und Schwarzwild

Zerlegen in 10 Teile

Mein Lieblingsteil vom Reh ist die Keule. In der traditionellen Wildküche wird die Rehkeule oft geschmort und mit viel Sauce, deftigen Beilagen, Preiselbeeren sowie Maroni serviert. Das geht aber auch ganz anders! Im Handel ist die Rehkeule meist im klassischen 4er-Schnitt erhältlich: Ober- und Unterschale sowie die geteilte Rehnuss. Ich kaufe allerdings immer eine ganze Keule und zerlege sie selbst. Und zwar, seit ich mal mit einem Jäger und Koch – Arne aus Hamburg – bei einer Veranstaltung war. Ich hatte dort nur Keulen zur Verfügung, wollte aber etwas Kurzgegrilltes machen. So haben wir einfach zusammen die Keule in ihre Einzelteile zerlegt und gegrillt. Und siehe da: Wenn sie richtig gegrillt werden, sind die Teile der Keule fast so zart wie ein Rücken. Ich mache allerdings nicht den klassischen 4er-Schnitt, sondern zerlege die Keule in 10 Teile.

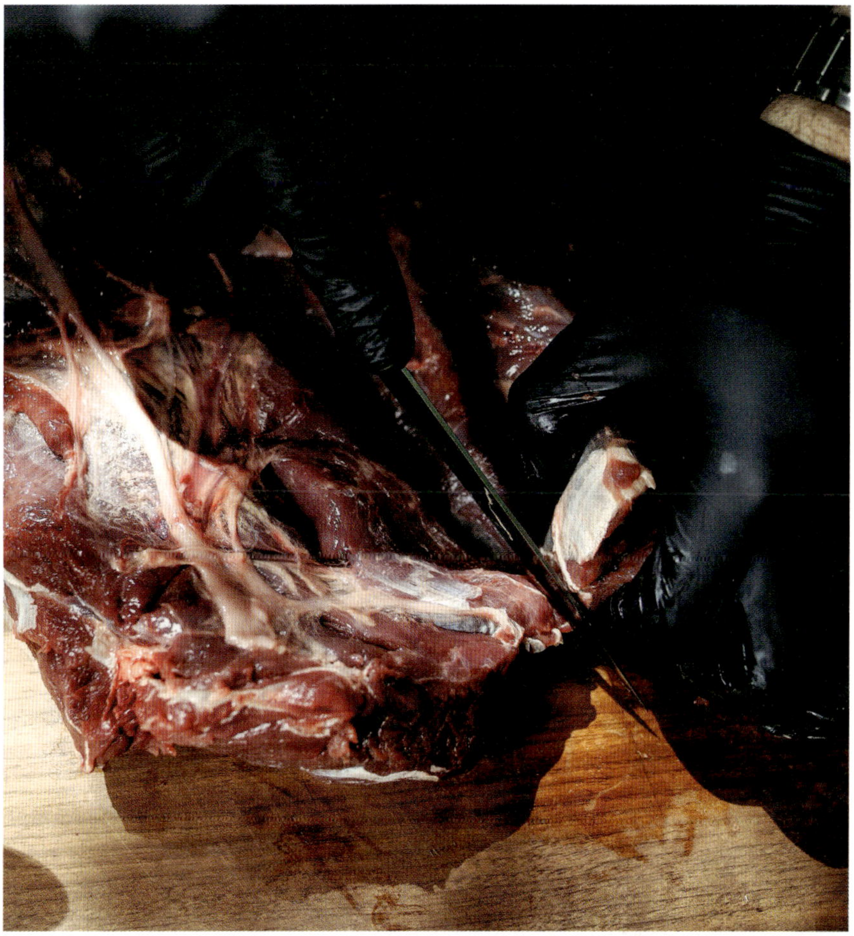

Big Green Eg

Big Green Egg
ROAST'N ROLL
GRILL
TOM's

Reh-Oberschale mit Teriyaki und Sesam

Das Fleisch mit etwas Sesamöl einpinseln und mit dem Grillgewürz bestreuen. Bei direkter Hitze (250–300 °C) 1–2 Minuten pro Seite branden, damit zarte Röstaromen entstehen. Das Fleisch vom Grill nehmen und großzügig mit der Teriyaki-Sauce bestreichen. Die Sesamsaat auf einem flachen Teller ausbreiten und die Oberschalen darin wälzen, sodass eine Art Panade entsteht. Den Grill auf indirekte Hitze einstellen und das Fleisch bei 140–150 °C ca. 15–20 Minuten bis zu einer Kerntemperatur von 54 °C ziehen lassen.

Das Gemüse auf vier Schalen verteilen, das Fleisch in nicht zu dünne Tranchen schneiden und auf das Pilz-Chili-Gemüse setzten. Mit den frischen Korianderblättern garnieren.

2	REH-OBERSCHALEN
2 EL	GERÖSTETES SESAMÖL
1 EL	„TINGTING ASIATISCHES GRILLGEWÜRZ“
3 EL	TERIYAKI-SAUCE
5–6 EL	GESCHÄLTE WEISSE SESAMSAAT
1 HANDVOLL	FRISCHE KORIANDERBLÄTTER

SHIITAKE-CHILI-GEMÜSE 53

Shiitake-Chili-Gemüse

Die Pilze putzen. Die Chilis in 3–5 mm dicke Ringe schneiden und zusammen mit den Pilzen in eine Schüssel geben. Das Öl und das Grillgewürz dazugeben und alles sorgfältig vermischen. Den Rost aus dem Grill nehmen und ein feuerfestes Küchensieb in die Glut drücken. Die Pilz-Chili-Mischung in das Sieb geben und unter ständigem Bewegen, am besten mit einem Löffel, 3–4 Minuten grillen. Falls Sie keinen Holzkohlegrill haben, das Ganze im Grill-Wok oder auf der Gussplatte machen.

600 G	KLEINE SHIITAKE-PILZE
4	MILDE ROTE CHILISCHOTEN
1 ½ TL	GERÖSTETES SESAMÖL
½ EL	„TINGTING ASIATISCHES GRILLGEWÜRZ“

Kartoffeltortilla mit Schalenrolle

Für den Tortillateig die Kartoffeln pellen und mit einer Kartoffelpresse in eine Schüssel pressen. Die Eier und beide Mehlsorten dazugeben. Mit etwas Muskatnuss und Salz würzen und alles zu einem festen Teig kneten. Den Teig in Frischhaltefolie wickeln und 3 Stunden kühl stellen.

Nach der Kühlzeit die Pressfläche der Tortillapresse mit Roggenmehl einstäuben. Aus dem Teig 8 kleine Kugeln formen und in der Presse zu Fladen pressen oder mit einem Nudelholz ausrollen. Den Ofyr oder eine Grillplatte auf 200–250 °C erhitzen und einölen. Die Fladen auf der eingeölten Fläche 4–6 Minuten pro Seite knusprig grillen.

Die Paprikaschoten vom Kerngehäuse befreien. Die rote Paprika in möglichst kleine Würfel, die gelbe Paprika in 2–3 cm große Stücke schneiden. Die Zwiebeln schälen und achteln. Die weißen Spargelstangen vorsichtig bis zum Kopf schälen. Die Platte des Ofyr oder die Grillplatte einölen und die weißen und grünen Spargelstangen, die Zwiebeln und die gelbe Paprika auf beiden Seiten jeweils 4–5 Minuten grillen. Während des Grillens mit etwas Olivenöl beträufeln und mit dem Grillsalz salzen. Die roten Paprikawürfel parallel, aber getrennt vom anderen Gemüse ebenfalls auf die geölte Grillplatte geben, mit dem Hot-Nashville-Gewürz bestreuen und unter mehrmaligen Wenden gar grillen.

Die Schalenrollen mit etwas Olivenöl bestreichen und mit „Tom‘s Beef, Wild & More“-Gewürz rundum bestreuen. Dann auf der heißen Grillplatte von allen Seiten 4–6 Minuten grillen.

Die roten Paprikawürfel vom Grill holen, mit dem Tomatenmark vermischen und auf die Tortillafladen streichen. Den Spargel in mundgerechte Stücke schneiden und zusammen mit den gelben Paprikastücken und den Zwiebeln ebenfalls auf den Fladen verteilen. Die Rollen in Tranchen schneiden und auf dem Gemüse verteilen. Zum Schluss das Ganze mit den Bärlauchblättern und den verschiedenen Blüten dekorieren. Eventuell mit etwas Salz nachwürzen.

3	GELBE PAPRIKASCHOTEN
3	ROTE PAPRIKASCHOTEN
2	WEISSE ZWIEBELN
8 STANGEN	WEISSER SPARGEL
8 STANGEN	GRÜNER SPARGEL OHNE HOLZIGE ENDEN
4–6 EL	OLIVENÖL
1 TL	GRILLSALZ
1 EL	„HOT NASHVILLE BARBECUE RUB“
4	ROLLEN AUS DER REHKEULE
1 EL	„TOM‘S BEEF, WILD & MORE“-GEWÜRZ
2 EL	TOMATENMARK
JE 1 HANDVOLL	BÄRLAUCHBLÄTTER, BÄRLAUCHBLÜTEN UND BLÜTEN DER GELBEN TAUBNESSEL

FÜR DIE TORTILLAS:

4	GEKOCHTE KARTOFFELN
3	EIER
300 G	WEIZENMEHL
100 G	ROGGENMEHL
	GERIEBENE MUSKATNUSS
	SALZ

Reh-Unterschale mit Erdbeeren und Spargel

Das Fleisch mit dem Olivenöl einpinseln und rundum sorgfältig mit dem Grillgewürz bestreuen.

Den Grill auf indirekte Hitze (130–150 °C) einstellen. Die Kirschspäne auf die Glut schütten und die Unterschalen bei geschlossenem Deckel 30–35 Minuten grillen, bis sie eine Kerntemperatur von 54 °C erreicht haben.

Den Erdbeer-Spargel-Salat auf 4 Schalen verteilen und das in Tranchen geschnittene Fleisch darauf anrichten. Mit den Blüten garnieren und mit etwas Salz und Pfeffer bestreuen.

2	REH-UNTERSCHALEN
4 EL	OLIVENÖL
3 EL	„DARK SIDE OF BBQ"-GEWÜRZ
2 EL	OLIVENÖL
2 EL	KIRSCH-RÄUCHERSPÄNE
	BLÜTEN ZUM DEKORIEREN

GRÜNER SPARGEL MIT ERDBEEREN 59

Grüner Spargel mit Erdbeeren

Den Spargel unter ständigem Drehen bei direkter Hitze (250–300 °C) 8–10 Minuten grillen. Die Erdbeeren halbieren und auf dem Gussrost bei derselben Temperatur auf der Schnittfläche 1 Minute branden. Die Spargelstangen in mundgerechte Stücke schneiden, die Erdbeeren nochmals halbieren. Das Ganze in einer Schüssel mit dem Olivenöl und dem Zitronensaft vermischen und mit Salz und Pfeffer abschmecken.

400 G	GRÜNER SPARGEL OHNE HOLZIGE ENDEN
400 G	ERDBEEREN
2 EL	OLIVENÖL
	SAFT VON ½ ZITRONE
	„TOM'S PEPPER MIX"
	„GRILLSALZ – KRÄFTIGE SALZFLOCKEN"

Gesmokte Rehnuss mit Pimientos de Padrón

Die Rehnüsse entlang der Silberhaut mittig in zwei Teile zerlegen. Beide Fleischteile von Silberhaut und Sehnen befreien. Das Fleisch mit dem Rapsöl bestreichen und mit dem Grillgewürz rundum sorgfältig würzen. Den Kamado-Grill auf indirekte Hitze (140–160 °C) einstellen und die Räucherspäne auf die Glut legen. Beim Gasgrill dieselbe Einstellung vornehmen, zum Räuchern einfach eine Räucherbox verwenden. Das Fleisch auf den Rost legen und den Deckel schließen. Die Nuss nun 20–30 Minuten grillen, bis sie eine Kerntemperatur von 54–60 °C erreicht hat.

Die Pimientos auf vier Teller verteilen. Die Rehnüsse in feine Scheiben schneiden und darauf platzieren. Mit der Salsa und frischen Korianderblättern garnieren.

2	REHNÜSSE
2 EL	RAPSÖL
2 EL	„DARK SIDE OF BBQ"-GEWÜRZ
1 HANDVOLL	BUCHENSPÄNE

PIMIENTOS DE PADRÓN 64

Pimientos de Padrón mit Paprikasalsa

2	ROTE PAPRIKASCHOTEN
3	ANCHOVIS
4–5 EL	OLIVENÖL
1 TL	KNOBLAUCH, FEIN GEHACKT
1	WEISSE ZWIEBEL, FEIN GEHACKT
1 TL	MILDE CHILIFLOCKEN
	ABRIEB VON 1 BIO-LIMETTE
	„GRILLSALZ – KRÄFTIGE SALZFLOCKEN“
	PFEFFER
400 G	PIMIENTOS (BRATPAPRIKA)
4 EL	FRISCHE TANNEN- ODER FICHTENTRIEBE
3 EL	KORIANDERBLÄTTER

Für die Salsa die Paprikaschoten vom Kerngehäuse befreien und in kleine Würfel schneiden. Die Anchovis ebenfalls in kleine Würfel schneiden. Die Paprikawürfel mit den Anchovis, 2–3 EL Olivenöl, Knoblauch, der Zwiebel, den Chiliflocken und dem Limettensaft vermischen und mit Salz und Pfeffer abschmecken.

Die Pimientos in einem feuerfesten Sieb zusammen mit den Tannen- bzw. Fichtentrieben direkt im Feuer ca. 5–6 Minuten schwenken. Beim Gasgrill einen Grill-Wok oder eine Plancha verwenden. Das Ganze in eine Schüssel geben, mit dem restlichen Olivenöl vermischen und mit dem Grillsalz würzen.

Tafelspitz vom Hirsch mit Glutlauch und Buchenpilzen

Tafelspitz ist eines meiner Lieblingsgerichte – ob vom Rind oder Kalb, ob klassisch aus dem Topf oder gesmokt. Als ich den Tafelspitz vom Hirsch das erste Mal probiert habe, war ich komplett baff. Die Zartheit und der Geschmack dieses komplett unterschätzten Teilstückes vom Hirsch ist sagenhaft. Und es braucht wirklich nicht viel Drumherum, deshalb mache dieses großartige Stück mit einer sehr einfachen Beilage.

Das Fleisch mit 2–3 EL Olivenöl einpinseln und mit dem BBQ Gewürz rundum würzen. Den Tafelspitz bei indirekter Hitze (130–140 °C) und geschlossenem Deckel bis zu einer Kerntemperatur von 58–62 °C ziehen lassen. Das dauert etwa 40–60 Minuten.

Den Tafelspitz in Tranchen schneiden und dekorativ auf Tellern anrichten. Die halbierten Glutlauche neben dem Fleisch platzieren und vorsichtig mit den Pilzen belegen. Zum Abschluss das Fleisch und die Pilze mit dem Kräuteröl beträufeln.

2 TAFELSPITZ VOM HIRSCH À 400 G
2–3 EL OLIVENÖL
3 EL „WILDES BARBECUE"-GEWÜRZ

KRÄUTERÖL 68

GLUTLAUCH MIT BUCHENPILZEN 69

Kräuteröl

Die Kräuter mit dem restlichen Olivenöl vermischen und mit Salz und Pfeffer abschmecken.

2 EL	BÄRLAUCH, FEIN GEHACKT
1 EL	SPITZWEGERICH, FEIN GEHACKT
1 EL	DOST, FEIN GEHACKT
1 EL	LÖWENZAHNBLÄTTER, FEIN GEHACKT
1 TL	SAUERKLEE, FEIN GEHACKT
5–6	EL OLIVENÖL
	„GRILLSALZ – KRÄFTIGE SALZFLOCKEN“
	„TOM'S PEPPER MIX“

Glutlauch mit Buchenpilzen

Die Lauchstangen vom festen dunkelgrünen Teil befreien, wir grillen nur den weißen Teil des Gemüses. Anschließend bei hoher direkter Hitze oder in der Glut unter mehrmaligem Drehen grillen, bis der Lauch außen schwarz und innen weich ist. Dann von der Hitze nehmen, von der äußersten verkohlten Schicht befreien und der Länge nach halbieren.

Die Stiele der Pilze vom trockenen Ende befreien, in eine Schüssel geben und mit dem Olivenöl vermischen. Anschließend in einem feuerfesten Küchensieb direkt in der Flamme 3–4 Minuten schwenken. Alternativ im heißen Grill-Wok unter ständigem Rühren 3–4 Minuten wokken. Anschließend mit dem Grillsalz und dem „Pepper Mix" abschmecken.

4	DICKE STANGEN LAUCH
400 G	BUCHENPILZE
2 EL	OLIVENÖL
	„GRILLSALZ – KRÄFTIGE SALZFLOCKEN"
	„TOM'S PEPPER MIX"

AUSSERDEM
FEUERFESTES KÜCHENSIEB

Mini-Roulade vom Hirsch mit gegrillten Drillingen

Die Bärlauchblätter fein hacken und in einer Schüssel mit 6–7 EL Olivenöl vermischen. Mit dem Flockensalz und dem „Pepper Mix“ abschmecken.

Den Spargel von holzigen Enden befreien, dicke Stangen der Länge nach halbieren. Die Schnitzel auf ein Schneidbrett legen und mit der Fläche der Messerklinge flachdrücken. Dünn mit dem Bärlauchöl bestreichen und mit den Spargelstangen belegen. Das restliche Bärlauchöl bis zur weiteren Verwendung zur Seite stellen. Dann das Fleisch vorsichtig zusammenrollen und mit der Küchenschnur zuerst in der Mitte, dann links und rechts festbinden. Die Außenfläche der Rouladen mit dem restlichen Öl bestreichen und mit „Tom's Beef, Wild & More“-Gewürz bestreuen. Die Roulade zuerst bei direkter Hitze (230–250 °C) rundum 2–3 Minuten grillen, bis sie Farbe bekommen. Dann im indirekten Bereich bei 140–160 °C ziehen lassen, bis sie eine Kerntemperatur von 54–56 °C erreicht haben.

Die Kartoffeln und die Chilischoten auf vier Teller verteilen. Die Roulade in gleichmäßige Scheiben schneiden, die Küchenschnur entfernen und die Scheiben auf den Kartoffeln anrichten. Abschließend das Ganze mit dem restlichen Bärlauchöl beträufeln.

20–25	BÄRLAUCHBLÄTTER
8–10 EL	OLIVENÖL
	„GRILLSALZ – KRÄFTIGE SALZFLOCKEN“
	„TOM'S PEPPER MIX“
12 STANGEN	GRÜNER SPARGEL
4	DÜNNE HIRSCHSCHNITZEL
4 EL	„TOM'S BEEF, WILD & MORE“-GEWÜRZ
AUSSERDEM:	KÜCHENSCHNUR

Gegrillte Drillinge

Die Kartoffeln waschen und der Länge nach halbieren. In eine Gusspfanne geben und mit dem Olivenöl sowie dem Salz vermischen. Die Chilis der Länge nach halbieren und auf die Kartoffeln legen. Nun bei indirekter Hitze (ca. 180 °C) 30–35 Minuten grillen. Die Grillzeit ist etwas von der Größe und der Konsistenz der Kartoffeln abhängig.

800 G	DRILLINGE
4 EL	OLIVENÖL
1 EL	„GRILLSALZ – KRÄFTIGE SALZFLOCKEN“
8	MILDE ROTE CHILISCHOTEN

Grüner Spargel mit Wildschweinschinken und Wildkräutersalat

Die Spargelstangen von holzigen Enden befreien. Jeweils 1 Scheibe Wildschweinschinken vom hinteren Ende ausgehend um den Spargel wickeln. Die Spargelspitzen sollen frei bleiben.

Die gewaschenen Wildkräuter mit dem Olivenöl und dem Himbeeressig marinieren. Mit Salz und dem „Pepper Mix“ abschmecken. Nun den Salat auf vier Teller verteilen und mit den Himbeeren, den Bärlauchsprossen und den Blüten dekorieren.

Den umwickelten Spargel bei direkter Hitze (ca. 250 °C) unter ständigen drehen grillen, bis der Schinken kross und der Spargel weich ist. Dann den Spargel auf dem Kräutersalat anrichten.

24 STANGEN	GRÜNER SPARGEL
24 SCHEIBEN	WILDSCHWEINSCHINKEN
1	GROSSE SCHALE GEMISCHTE WILDKRÄUTER (JUNGE BRENNNESSEL, JUNGER GIERSCH, JUNGER LÖWENZAHN, SAUERKLEE, BÄRLAUCH, TAUBNESSEL, SAUERAMPFER)
4 EL	OLIVENÖL
2 EL	HIMBEERESSIG
	„GRILLSALZ – KRÄFTIGE SALZFLOCKEN“
	„TOM'S PEPPER MIX“
1 HANDVOLL	BÄRLAUCHKNOSPEN
1 HANDVOLL	BLÜTEN VON DER BLUMENWIESE
30–40	HIMBEEREN

Hirschtafelspitz nach Churrasco-Art

Den Tafelspitz quer zur Faser in etwa 3 cm dicke Scheiben schneiden. Mit den Schnittflächen nach unten (oder oben) auf ein Schneidbrett legen und das Fleisch zu einer U-Form biegen. Den Metallspieß jeweils so durch das Fleisch stoßen, das die U-Form erhalten bleibt. Die Limetten halbieren und den Saft auf den Schnittflächen des Fleisches verteilen. Dann mit dem Salz bestreuen. Das Ganze 6–8 Minuten ziehen lassen.

Die Spieße nun mit der Schnittfläche auf die heiße (250 °C) Grillplatte legen und 1 ½–2 Minuten pro Seite grillen. Dann im indirekten Bereich bei 150–170 °C 3–4 Minuten nachziehen lassen.

Die Auberginen und die Pilze auf vier Teller verteilen und die Spieße dekorativ dazulegen. Mit etwas Olivenöl beträufeln und mit Salz und dem „Pepper Mix" abschmecken.

2	TAFELSPITZ VOM HIRSCH À CA. 400 G
2	LIMETTEN
	„GRILLSALZ – KRÄFTIGE SALZFLOCKEN"
	„TOM'S PEPPER MIX"
AUSSERDEM	4 METALLSPIESSE

AUBERGINE, KNOBLAUCH U. SHIITAKE 78

Aubergine, Knoblauch und Shiitake

Den Knoblauch schälen und in möglichst feine Scheiben schneiden. Die Auberginen mit etwas Salz bestreuen und einige Minuten warten, bis Wasser auf der Oberfläche sichtbar ist. Mit einem Küchenpapier trocken tupfen.

Olivenöl auf dem Ofyr oder der Grillplatte erhitzen und die Knoblauchscheiben beidseitig grillen, bis sie eine bräunliche Farbe bekommen. Dann von der Platte nehmen und kurz beiseitestellen.

Nun die Pilze und die Auberginen auf die heiße, eingeölte Platte legen. Unter mehrmaligem Wenden grillen, bis sie Farbe annehmen und noch leicht bissfest sind. Während des Grillens mit etwas Olivenöl benetzen. Die Knoblauchscheiben auf den Auberginen verteilen.

8	KNOBLAUCHZEHEN
8 SCHEIBEN	AUBERGINE, JEWEILS CA. 2 CM DICK
600 G	SHIITAKE-PILZE
4 EL	OLIVENÖL
	„GRILLSALZ – KRÄFTIGE SALZFLOCKEN“
	„TOM’S PEPPER MIX“

Tatar vom Reh

Den Rehrücken von Sehnen und Silberhaut befreien. Anschließend der Länge nach in etwa 3 cm dicke Scheiben schneiden. Die Scheiben auf einer der Schnittflächen über Kreuz bis zur Mitte (ca. 1 ½ cm tief) einschneiden. Das Fleisch dann jeweils mit der nicht eingeschnitten Seite auf einer heißen (250–300 °C) Plancha so lange grillen, bis am Grund der Einschnitte das Zellwasser austritt. Vom Grill nehmen und zusammen mit den Essigzwiebeln fein schneiden. Dann mit dem Orangenabrieb, dem Olivenöl und dem Senf vermischen und mit Salz und Pfeffer abschmecken.

Die Toastbrotscheiben bei direkter Hitze (250–300 °C) auf dem Grill knusprig grillen. Anschließend jeweils eine Scheibe Toast auf einen Teller legen und einen Anrichtring durch das Brot drücken.

Achtung: Den Ring nicht gleich wieder entfernen, sondern mit dem Tatar füllen und die Oberfläche glattstreichen. Dann den Senfkaviar auf der glatt gestrichenen Fläche verteilen. Den Ring vorsichtig entfernen. Zum Schluss den Turm mit der Miso-Mayonnaise sowie Erbsensprossen garnieren.

400 G	REHRÜCKEN
100 G	**ESSIGZWIEBELN** **24**
2 TL	ABRIEB EINER BIO-ORANGE
2 EL	OLIVENÖL
2 TL	ENGLISCHER SENF
	„GRILLSALZ – KRÄFTIGE SALZFLOCKEN“
	„TOM‘S PEPPER MIX“
4 SCHEIBEN	TOASTBROT
1 EL	**SENFKAVIAR** **25**
2 EL	**MISO-MAYONNAISE** **21**
1 HANDVOLL	ERBSENSPROSSEN

ROAST'N ROLL
GRILL
TOM's
WERKSTATT
FOREVER

Carpaccio vom Hirsch mit Yuzu

Den Hirschrücken sauber von den Sehnen und der Silberhaut befreien. Den Grill auf direkte Hitze (ca. 300 °C) einstellen. Nun den Hirschrücken auf den heißen Grill legen und ganz langsam über den Rost rollen, damit das Fleisch rundherum ein Branding bekommt.

Den Rücken leicht abkühlen lassen, dann mit einem sehr scharfen Messer in dünne Scheiben schneiden. Die einzelnen Scheiben mit dem Handrücken vorsichtig flach streichen und auf Teller verteilen. Mit dem Leindotteröl beträufeln, mit Salz und Pfeffer würzen und mit den Rote-Beete-Sprossen und dem Zitronenabrieb garnieren. Die Yuzu-Mayonnaise dekorativ um das Carpaccio verteilen und mit den Blutampferblättchen belegen.

200 G	HIRSCHRÜCKEN
2 TL	LEINDOTTERÖL
	„GRILLSALZ – KRÄFTIGE SALZFLOCKEN“
	„TOM'S PEPPER MIX“
3 EL	ROTE-BEETE-SPROSSEN
1 TL	ABRIEB EINER BIO-ZITRONE
4 EL	**YUZU-MAYONNAISE** 21
1 HANDVOLL	KLEINE BLUTAMPFERBLÄTTCHEN

ROAST'N ROLL
TOM
FOREVER

Rehleber-Crostini

Wer schon mal in der Toskana im Urlaub war, kennt die unheimlich leckeren Hühnerleber-Crostinis. Funktioniert auch perfekt mit Rehleber!

Auf dem Ofyr oder einer Grillplatte etwas Olivenöl erhitzen.

Den Sellerie, die Zwiebel, den Knoblauch und den Salbei ganz fein hacken. Dann alles ca. 10 Minuten grillen, dabei die ganze Zeit durchmischen.

Die Rehleber in feine Stücke schneiden und dazugeben. Unter ständigem Wenden grillen, bis die Leber durch ist, dann mit dem Whisky abflambieren. Anschließend mithilfe eines Pürierstabes fein pürieren und mit etwas Olivenöl geschmeidig rühren. Mit Salz und Pfeffer abschmecken.

Das Weißbrot auf der heißen Grillplatte knusprig grillen und mit der Leberpaste bestreichen. Das Ganze mit den Essigzwiebeln garnieren.

	OLIVENÖL
2 STANGEN	STAUDENSELLERIE
1	ZWIEBEL
1	KNOBLAUCHZEHE
2 BLÄTTER	SALBEI
500 G	REHLEBER, GEPUTZT
150 ML	GUTER WHISKY
4 SCHEIBEN	WEISSBROT
100 G	**ESSIGZWIEBELN** 24
	SALZ & PFEFFER

Wildschweinnacken mit Kürbispüree und Trauben

Den Nacken mit dem Olivenöl bepinseln und mit dem „Mississippi Barbecue Rub“sorgfältig würzen. Bei indirekter Hitze (160–180 °C) grillen, bis eine Kerntemperatur von 72–74 °C erreicht ist. Das dauert ca. 1–1 ½ Stunden.

Das Kürbispüree dekorativ auf einem Teller anrichten. Den in Tranchen geschnittenen Wildschweinnacken neben dem Püree platzieren und die Trauben rundherum arrangieren. Das Ganze mit den Sprossen dekorieren.

800 G	WILDSCHWEINNACKEN
2–3 EL	OLIVENÖL
2 EL	„MISSISSIPPI BARBECUE RUB“
2 HANDVOLL	FRISCHE SPROSSEN ZUM DEKORIEREN

Gegrillte Weintrauben

Die Weintrauben in einer Schüssel gut mit dem Rapsöl vermischen. Dann in das feuerfeste Küchensieb leeren und im offenen Feuer einige Minuten schwenken, bis die Trauben leicht aufplatzen. Bei der Zubereitung mit dem Gasgrill die Trauben wokken. Mit dem Grillsalz und dem „Pepper Mix“ vermischen.

400 G	WEINTRAUBEN
2–3 EL	RAPSÖL
1 TL	„GRILLSALZ – KRÄFTIGE SALZFLOCKEN“
1 TL	„TOM‘S PEPPER MIX“
AUSSERDEM	FEUERFESTES KÜCHENSIEB

Kürbispüree

Den Kürbis entkernen und in Würfel schneiden. In einen Dutch Oven geben und mit dem Honig und dem Wein übergießen. Den Kürbis bei indirekter Hitze (180–200 °C) weich schmoren. Mit dem Hot-Nashville-Gewürz bestreuen, die Butter dazugeben und das Ganze mit einem Pürierstab fein pürieren.

1	KLEINER HOKKAIDOKÜRBIS
4 EL	HONIG
300 ML	WEISSWEIN
1 EL	„HOT NASHVILLE BARBECUE RUB“
50 G	BUTTER

Wildentenkeule mit Rosenkohl

Das Fett an der Oberseite der Entenkeulen bis zum Fleisch kreuzweise im Abstand von 5–8 mm einschneiden und komplett mit dem Olivenöl bepinseln. Das Grillgewürz mit Muskat und Kurkuma mischen und das Fleisch damit rundherum gleichmäßig würzen.

Die Keulen bei indirekter Hitze (180–200 °C) und geschlossenem Deckel 50–60 Minuten grillen, bis eine Kerntemperatur von mindestens 80 °C erreicht ist.

Die gegrillten Wildentenkeulen mit dem Beifußöl beträufeln und mit dem Rosenkohl servieren.

4	WILDENTENKEULEN
2 EL	OLIVENÖL
2 EL	„TOM'S CHICKEN, PORK & MORE"-GEWÜRZ
½ TL	GERIEBENE MUSKATNUSS
½ TL	KURKUMA
2 EL	**BEIFUSSÖL** 18

Rosenkohl mit Speck und Ahornsirup

Den Rosenkohl jeweils mit einer Scheibe Speck umwickeln. Die Oberfläche des Kohls im Speckring mit dem Ahornsirup beträufeln und mit den Chiliflocken bestreuen. Anschließend bei indirekter Hitze (160–180 °C) und geschlossenem Deckel 30 Minuten grillen.

24	ROSENKOHLRÖSCHEN
24	SCHEIBEN SPECK
4 EL	AHORNSIRUP
1 TL	CHILIFLOCKEN

Wildentenbrust mit Toms Sahne-Wirsing

Es gibt Unmengen von Rezepten für die Zubereitung einer Entenbrust. Ich selbst habe in meinen Büchern auch schon vier oder fünf Varianten beschrieben. Hier habe ich jetzt aber etwas Neues: Im letzten Jahr habe ich zusammen mit meinem Partner Stay Spiced unter anderem eine Gewürzmischung für knuspriges Hühnchen entwickelt. Genau daran nämlich – das Hühnchen knusprig zu bekommen – scheitern viele immer wieder. Mit „Crispy Chicken" dagegen wird wirklich jedes Hühnchen knusprig! Da habe ich mir gedacht, ich teste diese Mischung auch mal mit anderen Lebensmitteln, wie zum Beispiel Kachelfleisch, Garnelen oder eben Ente. Und bei der Wildente finde ich das Ergebnis revolutionär. Einfach Hammer. Nachmachen unbedingt empfohlen!

Die Wildentenbrüste von Federresten säubern. Die Fettschicht im Abstand von 5 mm kreuzweise bis zum Fleisch einschneiden. Dann die Oberfläche mit der zerlassenen Butter bestreichen und mit dem „Crispy Chicken"-Gewürz großzügig würzen. Bei indirekter Hitze (180 °C) 25–30 Minuten grillen.

Den Wirsing auf vier Teller verteilen. Die Entenbrüste in nicht zu dünne Tranchen schneiden und auf dem Wirsing platzieren. Das Ganze mit den gezuckerten Cranberrys garnieren.

4	WILDENTENBRÜSTE
4 EL	ZERLASSENE BUTTER
6 EL	„CRISPY CHICKEN"-GEWÜRZ
4–5 EL	**GEZUCKERTE CRANBERRYS** **26**

TOMS SAHNE-WIRSING 94

Toms Sahne-Wirsing

Die Zwiebel schälen, halbieren und in feine Scheiben schneiden. Das Olivenöl im Petromax-Topf erwärmen und die Zwiebeln darin anschwitzen, bis sie glasig sind. Den Wirsing vom Strunk befreien, fein schneiden und zu der Zwiebel geben. Einige Minuten unter ständigem Rühren ebenfalls anschwitzen. Die Rosinen sowie die Nüsse unterheben und die Sahne angießen. Den Muskat und die Chiliflocken dazugeben und alles 30 Minuten schwach köcheln lassen. Währenddessen immer wieder umrühren. Zum Schluss mit dem Grillsalz und dem „Pepper Mix" abschmecken.

1	WEISSE ZWIEBEL
2 EL	OLIVENÖL
1	MITTELGROSSER WIRSING
3 EL	KALIFORNISCHE ROSINEN
3 EL	GROB GEHACKTE WALNÜSSE
500 ML	SAHNE
½ TL	GERIEBENE MUSKATNUSS
½ TL	CHILIFLOCKEN
	„GRILLSALZ – KRÄFTIGE SALZFLOCKEN"
	„TOM'S PEPPER MIX"

Wildes Curry

Die Wildschweinschulter in ca. 2 cm große Würfel schneiden. Die Zwiebel schälen, halbieren und in feine Streifen schneiden. Das Butterschmalz im Dutch Oven erhitzen, das Fleisch und die Zwiebel einige Minuten unter mehrmaligem Umrühren anbraten.

Die Karotten schälen und in etwa 5 mm dicke Scheiben schneiden. Die Kartoffeln ebenfalls schälen und in ca. 1 cm große Würfel schneiden. Den Rosenkohl der Länge nach halbieren. Den Wildfond zu Fleisch und Zwiebeln geben und kurz durchrühren. Nun die Kartoffeln, die Karotten, das asiatische Grillgewürz und den Rosenkohl mit dazugeben. Das Ganze bei geschlossenem Deckel 2 Stunden köcheln lassen.

Die Pilze in den Topf geben und das Curry weitere 30–40 Minuten kochen lassen. Zum Schluss die Sahne einrühren, nochmals aufkochen und mit den Chiliflocken und Salz abschmecken. Auf vier Tellern anrichten und mit der Kresse und Chiliflocken garnieren.

1 KG	WILDSCHWEINSCHULTER
1	WEISSE ZWIEBEL
2 EL	BUTTERSCHMALZ
4	KAROTTEN
5	MITTELGROSSE KARTOFFELN
8–10	ROSENKOHLRÖSCHEN
1 ½ L	WILDFOND
1 EL	„TINGTING ASIATISCHES GRILLGEWÜRZ“
250 G	SHIITAKE-PILZE
150 ML	SAHNE
½ TL	CHILIFLOCKEN
	SALZ
	ZIERKRESSE ZUM DEKORIEREN

Marinierte Wildschweinsteaks mit Asia-Krautsalat

Die Sojasauce und den Honig in eine Schüssel geben und mit einem Schneebesen so lange rühren, bis sich der Honig aufgelöst hat. Das Fleisch und den Koriander dazugeben und alles gut durchmischen. 30 Minuten ziehen lassen, währenddessen gelegentlich umrühren.

Den Grill auf direkte Hitze (ca. 250 °C) vorheizen. Wichtig ist, dass auch der Rost – am besten ein Gussrost – auf diese Temperatur gebracht wird. Die Steaks aus der Marinade heben und abtropfen lassen. Dann jeweils 1–2 Minuten pro Seite auf der Schnittfläche grillen. Anschließend 4–5 Minuten im indirekten Bereich bei 140–150 °C und geschlossenem Deckel nachziehen lassen.

Die restliche Marinade mit dem Limettensaft, dem Ingwer, dem Knoblauch und der Fischsauce gut vermischen.

Den Krautsalat auf vier Teller verteilen. Das Fleisch auf dem Salat anrichten, mit dem asiatischen Grillgewürz bestreuen und mit der Hälfte des Korianders dekorieren. Den restlichen Koriander grob schneiden und in die übrige Marinade rühren. Die Marinade in kleine Schalen abfüllen und zum Dippen dazu reichen.

12 EL	SOJASAUCE
4 EL	HONIG
20	MINISTEAKS AUS DEM WILDSCHWEINRÜCKEN, CA. 2 CM DICK
1 HANDVOLL	KORIANDERBLÄTTER
SAFT VON	½ LIMETTE
1 TL	FRISCH GERIEBENER INGWER
1 TL	FRISCH GERIEBENER KNOBLAUCH
2–3	SPRITZER FISCHSAUCE
1 EL	„TINGTING ASIATISCHES GRILLGEWÜRZ“

Asia-Krautsalat

Den Spitzkohl halbieren, vom Strunk befreien und in möglichst feine Streifen schneiden. In eine Schüssel geben, mit dem Zucker bestreuen und mit den Händen kräftig durchkneten. Zum Schluss mit 3–4 EL von der verfeinerten Fleischmarinade vermischen.

1	KLEINER SPITZKOHL
1 EL	BRAUNER ZUCKER
1 HANDVOLL	KORIANDERBLÄTTER

Angesmokte Oberschale vom Hirsch mit BBQ-Blumenkohl

Die Oberschale sauber parieren, also von Fett und Sehnen befreien. Dann mit 3 EL Olivenöl rundum einpinseln und sorgfältig mit dem Gewürz bestreuen. Das Fleisch bei direkter Hitze (250–300 °C) beidseitig jeweils ca. 2 Minuten grillen, damit Röstaromen entstehen.

Den Grill auf indirekte Hitze (140–150 °C) einstellen und die Räucherspäne auf die Glut legen. Das Fleisch auf den Rost legen und den Deckel schließen. Die Oberschale 30–40 Minuten im Rauch bis zu einer Kerntemperatur von 54 °C ziehen lassen.

Die Blaubeeren mit etwas Olivenöl benetzen und in feuerfestes Sieb geben. Das Sieb in die Glut drücken und die Beeren unter ständigem Rühren ca. 1 Minute grillen, bis sie leicht aufplatzen.

1	OBERSCHALE VOM HIRSCH, CA. 900 G
4 EL	OLIVENÖL
2 EL	„TOM'S BEEF, WILD & MORE"-GEWÜRZ
6 EL	BLAUBEEREN
	MISO-MAYONNAISE 21
ETWAS	GHOA KRESSE ZUR DEKO

AUSSERDEM

3 EL	RÄUCHERSPÄNE KIRSCHE
	FEUERFESTES SIEB

BBQ-BLUMENKOHL 103

Big Green Egg

BBQ-Blumenkohl

Aus Mehl, Milch und Bier einen Bierteig mischen (Konsistenz ähnlich wie bei einem Pfannkuchenteig). Mit Salz und Pfeffer abschmecken. Die Blumenkohlröschen durch den Bierteig ziehen, dann bei indirekter Hitze (160–180 °C) 25 Minuten grillen. Mit der BBQ-Sauce bestreichen und weitere 10 Minuten grillen. Zum Schluss mit den Haselnüssen bestreuen.

Den BBQ-Blumenkohl auf vier Tellern anrichten. Das Fleisch in Tranchen schneiden und danebenlegen. Mit der Miso-Mayonnaise, den Sprossen und den Beeren garnieren. Die Schnittflächen des Fleisches mit etwas „Beef, Wild & More"-Gewürz bestreuen.

200 G	MEHL
100 ML	MILCH
30 ML	TANNENZÄPFLE-BIER
	„GRILLSALZ – KRÄFTIGE SALZFLOCKEN"
	„TOM'S PEPPER MIX"
12	BLUMENKOHLRÖSCHEN
	SPROSSEN
6 EL	**BBQ-SAUCE** 23
4 EL	FEIN GEHACKTE HASELNÜSSE

Wildschweinkeule mit Spezial-Rotkohl

Die Unterschale sauber parieren und mit dem Rapsöl einpinseln. Mit dem Wilden BBQ Gewürz bestreuen, in Frischhaltefolie wickeln und 3–4 Stunden ziehen lassen. Anschließend bei indirekter Hitze (140–160 °C) 1–1 ½ Stunden bis zu einer Kerntemperatur von 60–62 °C ziehen lassen.

Das Wildschweinfleisch in Tranchen schneiden und auf dem Rotkohl anrichten. Mit der Yuzu-Mayonnaise und den Sprossen garnieren.

1 KG	WILDSCHWEINUNTERSCHALE
2–3	EL RAPSÖL
4 EL	„WILDES BARBECUE"-GEWÜRZ
	YUZU-MAYONNAISE 21
	GRÜNE SPROSSEN ZUM DEKORIEREN

Spezial-Rotkohl

Den Rotkohl halbieren, vom Strunk befreien und in möglichst feine Streifen schneiden. Die Butter in einem Dutch Ofen erhitzen und den Rotkohl darin unter ständigem Rühren anschwitzen. Die restlichen Zutaten (bis auf Salz und Pfeffer) zum Kohl geben und das Ganze mit geschlossenem Deckel 2 Stunden weich schmoren. Zum Schluss mit Salz und Pfeffer abschmecken.

1 KOPF	ROTKOHL, CA. 1 KG
3 EL	BUTTER
CA. 1 L	ROTWEIN
4 EL	AHORNSIRUP
10–12 G	EKOCHTE MARONEN (ESSKASTANIEN)
½ TL	GERIEBENE TONKABOHNE
½ TL	VANILLEPULVER
½ TL	ANCHO-CHILIPULVER
	„GRILLSALZ – KRÄFTIGE SALZFLOCKEN"
	GROB GESCHROTETER SCHWARZER PFEFFER

Fingerfood

Wenn ich Gäste zum Grillen einlade, biete ich vor dem Menü immer etwas Fingerfood an – denn meistens sind alle schon hungrig, wenn sie eintreffen. Ich mache dann gerne diese leckeren Häppchen. Häufig habe ich ja eh z. B. die dünneren Enden vom Reh- oder Hirschrücken oder diverse Abschnitte vom Zerlegen einer Rehkeule oder Ähnliches übrig. Klar, ich kann aus solchen Abschnitten auch einen Fond oder Burger-Patties machen, aber größere Stückchen sind perfekt für diese kleinen Appetizer.

Hirschhäppchen mit Kürbispüree 2.0

Das Fleisch in mundgerechte Stücke schneiden und bei direkter Hitze (250–300 °C) jeweils 1–2 Minuten auf den Schnittflächen branden, am besten auf einem Gussrost. Dann mit der Teriyaki-Sauce bepinseln (oder durch die Sauce ziehen) und im indirekten Bereich des Grills bei ca. 150 °C und geschlossenem Deckel 4–5 Minuten nachziehen lassen.

Das Püree auf kleine Schalen verteilen und das Fleisch auf das Püree setzen. Das Salz mit dem Chili, dem Pfeffer und der Vanille vermischen und über das Fleisch und das Püree streuen. Mit der Miso-Mayonnaise und den Rettichsprossen garnieren.

400 G	PARIERTE ENDEN VOM HIRSCHRÜCKEN
5 EL	TERIYAKI-SAUCE
1 TL	„GRILLSALZ – KRÄFTIGE SALZFLOCKEN“
½ TL	CHILIFLOCKEN
½ TL	GESCHROTETER SCHWARZER PFEFFER
1 PRISE	VANILLEPULVER
2 EL	RETTICHSPROSSEN
2 EL	**MISO-MAYONNAISE** 21

Kürbispüree 2.0

Den Kürbis entkernen und in Würfel schneiden. Dann zusammen mit den Erdnüssen einen Dutch Oven geben und mit dem Honig und dem Fond übergießen. Den Kürbis bei indirekter Hitze (180–200 °C) weich schmoren. Die Butter dazugeben und das Ganze mit einem Pürierstab fein pürieren. Zum Schluss den Sesam und die Currypaste unterheben und mit dem Grillsalz abschmecken.

500 G	HOKKAIDOKÜRBIS
3 EL	UNGESALZENE ERDNUSSKERNE
4 EL	HONIG
300 ML	GEMÜSEFOND
30 G	BUTTER
2–3 EL	GERÖSTETER SESAM
2 TL	GELBE CURRYPASTE
	„GRILLSALZ – KRÄFTIGE SALZFLOCKEN“

Ministeaks vom Reh auf Rotkohlcreme

Das Gewürz auf einem Teller oder einer Platte verteilen. Den Rehrücken von den Sehnen befreien und mit dem Olivenöl einpinseln. Dann das Fleisch langsam und vorsichtig durch die Gewürzmischung rollen, sodass eine Art Panade entsteht. Vorsichtig ca. 2 cm dicke Steaks vom Rücken schneiden und bei direkter Hitze (250–300 °C) ca. 1 ½–2 Minuten pro Seite branden.

Das Püree auf kleine Schalen verteilen und das Fleisch auf die Creme setzen. Mit den Knoblauchsprossen garnieren.

3 EL	„CRUSTY CRUST"-GEWÜRZ
400 G	REHRÜCKEN
2–3 EL	OLIVENÖL
2 EL	KNOBLAUCHSPROSSEN

Rotkohlcreme

Den Rotkohl vom Strunk befreien und in feine Streifen schneiden. Die Kartoffel schälen und klein würfeln. Den Rotkohl und die Kartoffel zusammen mit dem Portwein, dem Ahornsirup und der Sojasauce in einen Dutch Oven geben und bei indirekter Hitze (180–200 °C) weich schmoren. Die Butter dazugeben und das Ganze mit einem Pürierstab fein pürieren. Mit dem Grillsalz und dem „Pepper Mix" abschmecken.

400 G	ROTKOHL
1	MITTELGROSSE KARTOFFEL
300 ML	PORTWEIN
2 EL	AHORNSIRUP
1 EL	SOJASAUCE
30 G	BUTTER
	„GRILLSALZ – KRÄFTIGE SALZFLOCKEN"
	„TOM'S PEPPER MIX"

Wildschweinnuss mit Wakame

Die Wildschweinnuss entlang der Sehnen in der Mitte in zwei Teile teilen. Alle restlichen Sehnen sauber entfernen. Das Fleisch mit etwas von dem Sesamöl einpinseln und mit dem asiatischen Grillgewürz bestreuen. Die Nusshälften bei indirekter Hitze (140–160 °C) und geschlossenem Deckel bis zu einer Kerntemperatur von 60 °C ziehen lassen. Nach Wunsch mit etwas Apfelholz anräuchern.

Den Wakame-Salat mit beiden Sesamsorten, dem restlichen Sesamöl und den Chiliflocken vermischen und mit dem Reisessig abschmecken. Anschließend auf kleine Schalen verteilen. Die Wildschweinnuss in dünne Scheiben schneiden und daraus kleine Röllchen rollen. Die Rollen auf den Salat setzten und mit etwas TingTing Grillgewürz bestreuen.

400	G WILDSCHWEINNUSS
3 EL	SESAMÖL
1 ½ TL	„TINGTING ASIATISCHES GRILLGEWÜRZ“
200 G	WAKAME-SALAT (AUS DEM ASIALADEN)
1 EL	GERÖSTETER SESAM
1 EL	SCHWARZER SESAM
1 TL	CHILIFLOCKEN
1 SCHUSS	REISESSIG

Hirsch-Currywurst „Tom Style"

Den Grill auf indirekte Hitze (100–120 °C) einstellen. Die Räucherspäne auf der Glut platzieren (beim Gasgrill eine Räucherbox verwenden). Die Würste ca. 15–20 Minuten bei geschlossenem Deckel im Rauch ziehen lassen.

Das Ketchup, die Wasabipaste, das Currypulver und die Ponzusauce in einem Dutch Oven erwärmen und ca. 20 Minuten ziehen lassen – nicht kochen.

Die Würste bei direkter Hitze (250–300 °C) beidseitig 3–4 Minuten grillen. Die Frühlingszwiebeln in feine Ringe schneiden. Die Currysauce auf vier Teller verteilen. Die Würste in mundgerechte Stücke schneiden und dekorativ auf die Sauce legen. Mit den Zwiebelringen und der Mayonnaise garnieren und mit dem asiatischen Grillgewürz bestreuen.

4	HIRSCHWÜRSTE (WENN MÖGLICH ROHWÜRSTE) VOM METZGER DES VERTRAUENS
400 ML	GUTES BIO-KETCHUP
1 EL	WASABIPASTE
2 EL	MADRAS-CURRYPULVER
1 ½ EL	PONZUSAUCE
4	FRÜHLINGSZWIEBELN
4 EL	**YUZU-MAYONNAISE** 21
2 TL	„TINGTING ASIATISCHES GRILLGEWÜRZ“

AUSSERDEM

1 HANDVOLL	RÄUCHERSPÄNE BUCHE

Hirschunterschale mit Schupfnudeln und Schokolade

Den Grill auf indirekte Hitze (150–160 °C) einstellen. Das Fleisch von jeglichen Sehnen und Flachsen befreien und mit dem Öl bepinseln. Gleichmäßig würzen und auf dem Grill bei geschlossenem Deckel etwa 30–40 Minuten bis zu einer Kerntemperatur von 56–58 °C ziehen lassen.

Das Hirschfleisch in Tranchen schneiden und zusammen mit den Schupfnudeln anrichten. Mit der Schokosauce garnieren und mit etwas „Beef, Wild & More"-Gewürz bestreuen.

800 G	HIRSCHUNTERSCHALE ODER HIRSCHNUSS
3 EL	OLIVENÖL
3 EL	„TOM'S BEEF, WILD & MORE"-GEWÜRZ

SCHOKOLADENSAUCE, SCHUPFNUDELN 103

Schokoladensauce

Den Grill auf indirekte Hitze (250 °C) einstellen. Karotten und Sellerie waschen und grob klein schneiden. Zwiebeln halbieren.

Die Knochen und Fleischabschnitte in einem großen Dutch Oven auslegen und ca. 20 Minuten grillen, bis sich deutliche Röstaromen gebildet haben. Von Zeit zu Zeit wenden. Nach 20 Minuten Wurzelgemüse und Zwiebeln dazugeben und weitere 6–8 Minuten grillen. Mit 300 ml Wasser ablöschen und vorsichtig umrühren. Mit Wein auffüllen, Salbei sowie Pfefferkörner hinzufügen und alles ca. 1 ½ Stunden köcheln lassen, bis sich die Flüssigkeit um die Hälfte reduziert hat. Anschließend durch ein feines Sieb gießen und nochmals erwärmen. Die Butter und die Schokolade mit einem Schneebesen einrühren. Mit Salz und Pfeffer abschmecken.

3	KAROTTEN
½	SELLERIEKNOLLE
2	ZWIEBELN
500 G	KNOCHEN UND/ODER FLEISCHABSCHNITTE VOM WILD
500 ML	ROTWEIN
4 ZWEIGE	SALBEI
1 TL	PFEFFERKÖRNER
100 G	BUTTER
200 G	ZARTBITTERSCHOKOLADE, IN STÜCKEN
	SALZ
	„TOM'S PEPPER MIX“

Schupfnudeln

Die Kartoffeln im Dutch Oven kochen, pellen und etwas abkühlen lassen. Durch eine Kartoffelpresse drücken und mit Mehl, Grieß, 1 Prise Salz, Muskatnuss, Butter und Eigelb zu einem Teig kneten. Den Teig auf einer bemehlten Arbeitsfläche zu daumendicken Rollen formen, in ca. 2 cm dicke Scheiben schneiden und zu länglichen Nudeln mit dünnen Enden formen. Im Dutch Oven reichlich Wasser zum Kochen bringen und die Nudeln schwach wallend köcheln, bis sie an der Oberfläche schwimmen. Mit einer Schöpfkelle herausheben und abtropfen lassen. Die Butter in einer heißen Grillpfanne zum Schmelzen bringen und die Schupfnudeln darin rundherum braten, bis sie Röstaromen bekommen.

500 G	MEHLIGKOCHENDE KARTOFFELN
100 G	MEHL (TYPE 405)
50 G	WEIZENGRIESS
	SALZ
1 PRISE	GERIEBENE MUSKATNUSS
50 G	BUTTER
2	EIGELB
30 G	BUTTER ZUM ANBRATEN
	MEHL FÜR DIE ARBEITSFLÄCHE

Wildes Hasenragout Piemont

Ich mag klassische Schmorgerichte! Bei einem Abstecher ins Piemont habe ich einmal an einem Degustations-Menü mit Weinbegleitung teilgenommen. Der Ort, an dem es serviert wurde, war eigentlich gar kein richtiges Restaurant, von außen war es nicht als solches erkennbar. Wir kamen in einen Saal, sehr rustikal, aber mit einem gewissen Flair. Und was dann aus der Küche serviert wurde, war wie im Himmel. Zwölf Gänge purer Genuss und das unplugged, ohne großes Simsalabim drumrum. Das nächste Gericht erinnert mich an diesen fantastischen Abend.

4 EL	OLIVENÖL
1	MITTELGROSSE ZWIEBEL, GEWÜRFELT
2	KAROTTEN, IN FEINEN SCHEIBEN
2	KNOBLAUCHEHEN, FEIN GEHACKT
2 EL	TOMATENMARK
4	WILDHASEN-KEULEN
1 L	GUTER ROTWEIN
2 ZWEIGE	DOST
2 ZWEIGE	ROSMARIN
2 STANGEN	STAUDENSELLERIE, IN FEINEN SCHEIBEN
2 EL	FEIN GEHACKTE SALZZITRONE
4 EL	SCHWARZE OLIVEN
4	ANCHOVIS
1	GELBE BEETE, FEIN GEWÜRFELT
700 G	REIFE FLASCHENTOMATEN, GROB GEWÜRFELT
	SALZ
	PFEFFER

Das Olivenöl im Dutch Oven erhitzen und die Zwiebel, die Karotten sowie den Knoblauch darin anbraten. Das Tomatenmark dazugeben und kurz mitrösten.

Das Fleisch dazugeben und ebenfalls kurz mitberaten. Mit dem Rotwein ablöschen, die Kräuter hinzufügen und alles 30 Minuten kochen lassen. Den Sellerie mit der Salzzitrone, den Oliven, den Anchovis und der Beete unterrühren. Die Tomaten untermischen und den Schmortopf bei geschlossenem Deckel weitere 2 Stunden leise köcheln. Mit Salz und Pfeffer abschmecken.

Wildschweinnacken vom Überläufer mit „Best of Mais"

Als Überläufer bezeichnet man in der Jägersprache Schwarzwild – also Wildschweine – im zweiten Lebensjahr. Während weibliche Überläufer in der Rotte beim Muttertier bleiben, werden männliche Überläufer mit dem Beginn der Geschlechtsreife aus der Rotte vertrieben. Sie schließen sich dann zu einer Überläuferrotte zusammen.

Den Nacken mit dem Rapsöl einpinseln und mit dem Grillgewürz rundum würzen. Dann bei hoher direkter Hitze beidseitig branden. Im indirekten Bereich bis zu einer Kerntemperatur von 62 °C ziehen lassen.

Das Fleisch in Portionen schneiden und auf dem Maispüree anrichten. Mit den Maiskörnern und dem gegrillten Mini-Mais dekorieren. Das ganze Popcorn dekorativ rundherum verteilen und alles mit dem Popcornschnee bestreuen. Zum Schluss mit der Kresse dekorieren und mit etwas „Crusty Crust"-Gewürz bestreuen.

800 G	NACKEN VOM ÜBERLÄUFER
4 EL	RAPSÖL
2 EL	„CRUSTY CRUST"-GEWÜRZ
	KRESSE ZUM DEKORIEREN

„Best of Mais"

Die Sahne im Dutch Oven erhitzen und den Mais aus der Dose darin 30 Minuten ziehen lassen. Danach in der Küchenmaschine fein pürieren. Mit Salz, Pfeffer und Chili abschmecken.

Die vorgegarten Maiskolben 30 Minuten bei indirekter Hitze (140 °C) bei geschlossenem Deckel grillen. Vom Grill nehmen und die Maiskörner vom Strunk schneiden. Die Mini-Maiskolben bei direkter Hitze (ca. 250 °C) rundum grillen, bis sie Farbe bekommen. Die Hälfte des Popcorns in der Küchenmaschine fein zu einer Art Schnee hacken.

500 ML	SAHNE
500 G	MAIS AUS DER DOSE, ABGETROPFT
	„GRILLSALZ – KRÄFTIGE SALZFLOCKEN"
	„TOM'S PEPPER MIX"
1 TL	CHILIFLOCKEN
2	MAISKOLBEN, VORGEGART
12	MINI-MAISKOLBEN AUS DEM GLAS
10 EL	POPCORN

Glasierte Wachtel mit Fenchel, Sumach-Zwiebeln und Walnusspesto

Die Wachteln waschen und mit einem Küchentuch trocken tupfen. Rundherum mit dem Rapsöl einstreichen und mit dem „Chicken, Pork & More“-Gewürz bestreuen. Die Ponzusauce und den Honig miteinander verrühren. Die Wachteln bei indirekter Hitze (180 °C) und geschlossenem Deckel 20–25 Minuten grillen. Während dieser Zeit 4- bis 6-mal mit der Ponzu-Honig-Mischung bestreuen.

Den Fenchel auf vier Teller verteilen. Jeweils eine Wachtel auf den Fenchel setzten und mit den Chiliflocken bestreuen. Die Sumach-Zwiebeln und die Walnussnocken dekorativ dazu anrichten.

4	KÜCHENFERTIGE WACHTELN
4 EL	RAPSÖL
2 EL	„TOM'S CHICKEN, PORK & MORE“-GEWÜRZ
8 EL	PONZU-SAUCE
2 EL	HONIG
	„GRILLSALZ – KRÄFTIGE SALZFLOCKEN“
	„TOM'S PEPPER MIX“
	CHILIFLOCKEN

WALNUSSPESTO 124
GESCHMORTER, GEGRILLTER FENCHEL 124
SUMACH-ZWIEBELN 125

Walnusspesto

Die Walnusskerne in einer Küchenmaschine fein hacken. Dann mit dem Ahornsirup und dem Wilden BBQ Gewürz vermischen und mit dem Grillsalz und dem „Pepper Mix“ abschmecken. Mithilfe von 2 Löffeln 12 kleine Nocken formen.

400 G	WALNUSSKERNE
4 EL	AHORNSIRUP
1 EL	„WILDES BARBECUE“-GEWÜRZ
	„GRILLSALZ – KRÄFTIGE SALZFLOCKEN“
	„TOM'S PEPPER MIX“

Geschmorter und gegrillter Fenchel

Die Fenchel der Länge nach halbieren. Den Weißwein in einem Dutch Oven erwärmen und den Zucker darin auflösen. Die Mini-Fenchel in die Flüssigkeit geben und 10–12 Minuten knapp unter dem Siedepunkt schmoren.

Den Fenchel aus der Flüssigkeit nehmen und bei direkter Hitze (ca. 250 °C) beidseitig branden.

16	MINI-FENCHEL
400 ML	WEISSWEIN
3 EL	BRAUNER ZUCKER

Sumach-Zwiebeln

Die Zwiebeln mit der Schale bei indirekter Hitze (160–180 °C) 30 Minuten bei geschlossenem Grill grillen. Danach an einem Ende ca. 5 mm (je nach Größe der Zwiebel) abschneiden und die Zwiebeln vorsichtig aus der Schale drücken. Mit etwas Tannenwipfelöl beträufeln und mit dem Sumach bestreuen.

12	KLEINE WEISSE ZWIEBELN
2 EL	**TANNENWIPFELÖL** 17
2 TL	SUMACH-GEWÜRZ

Rehsteak mit Lavendel, Tomatensud und Aubergine

Den Balsamicoessig und den Honig verrühren. Die Rehkoteletts, den Lavendel, den Thymian und den Rosmarin in die Flüssigkeit geben und 2 Stunden ziehen lassen.

Das Fleisch aus der Flüssigkeit nehmen und beidseitig auf dem heißen Rost branden. Im indirekten Bereich mit geschlossenem Deckel bis zu einer Kerntemperatur von 54 °C ziehen lassen.

Den Tomatensud auf vier Teller verteilen. Die Finger-Auberginen und das Fleisch auf dem Sud platzieren. Mit Lavendel und Rosmarin dekorieren sowie mit getrocknetem Dost und etwas Grillsalz bestreuen.

300 ML	MILDER BALSAMICOESSIG
3 EL	HONIG
16	REHKOTELETTS MIT KNOCHEN, CA. 2 CM DICK
4 ZWEIGE	LAVENDEL
4 ZWEIGE	THYMIAN
4 ZWEIGE	ROSMARIN
1 EL	FRISCH GEHACKTER ROSMARIN
	„GRILLSALZ – KRÄFTIGE SALZFLOCKEN“
	„TOM'S PEPPER MIX“
	LAVENDEL UND ROSSMARIN ZUM DEKORIEREN
1 EL	GETROCKNETER DOST

Tomatensud und Aubergine

Die Tomaten, den Knoblauch, den Thymian und die Zwiebel in einen Bräter geben und bei ca. 160 °C 2 Stunden weich schmoren. Die Thymianstiele entfernen und das Ganze mit einer Gabel zerdrücken. Mit Grillsalz und „Pepper Mix“ abschmecken.

Die Finger-Auberginen bei direkter Hitze (ca. 250 °C) beidseitig 2–3 Minuten grillen, bis sie Röstaromen angenommen haben. Im indirekten Bereich kurz liegen lassen.

1 KG	KIRSCHTOMATEN
2	KNOBLAUCHZEHEN, FEIN GEHACKT
4 ZWEIGE	THYMIAN
1	ZWIEBEL, FEIN GEHACKT
	„GRILLSALZ – KRÄFTIGE SALZFLOCKEN“
	„TOM'S PEPPER MIX“
8	FINGER-AUBERGINEN
4 EL	OLIVENÖL
	„TOM'S VEGGIE“-GEWÜRZ

Rehrack mit Fregola tostata und Pfifferlingen

Fregola tostata ist eine Pastasorte aus Sardinien, die die Form von kleinen Kügelchen hat und nach dem Trocknen geröstet wird, was ihr einen ganz besonderen Geschmack verleiht. Fregola tostata ist in der sardischen Küche eine beliebte Beilage zu Gemüse, Fisch, Fleisch oder eine häufige Suppeneinlage. Ich bereite diese Pasta immer wie ein Risotto zu. Mal mit Kräutern, mal mit Trüffel, mal mit Spargel. Ich liebe ihren leicht nussigen Geschmack und ziehe sie dem klassischen Risottoreis vor.

4	REHRACKS MIT JEWEILS 4 KNOCHEN
	„GRILLSALZ – KRÄFTIGE SALZFLOCKEN“
2 EL	„CYPRUS HILLS“-GEWÜRZ
20	BROMBEEREN UND KRESSE ZUM DEKORIEREN

FREGOLA TOSTATA 132
PFIFFERLINGE 133

Die Rehracks mit etwas Grillsalz bestreuen. Anschießend bei direkter Hitze (ca. 250 °C) rundum jeweils 1 Minute grillen. Dann bei indirekter Hitze (140–160 °C) und geschlossenem Deckel 8–10 Minuten nachziehen lassen, bis eine Kerntemperatur von 45–56 °C erreicht ist.

Die Fregola tostata mittig auf den Tellern anrichten. Die Pilze um die Pasta legen. Die Rehracks auf die Fregola setzen und alles mit den Brombeeren und der Kresse garnieren. Zum Schluss das Ganze mit dem „Cyprus Hills“-Gewürz bestreuen.

Fregola tostata

250 G	FREGOLA TOSTATA
1	KLEINE ZWIEBEL
2 EL	BUTTER
125 ML	TROCKENER WEISSWEIN
1 L	GEMÜSEBRÜHE
3 EL	GERIEBENER PARMESAN
	„GRILLSALZ – KRÄFTIGE SALZFLOCKEN“
	„TOM'S PEPPER MIX“

Die Zwiebel fein hacken. Einen Duch Oven auf dem Grill erwärmen und die Butter darin schmelzen. Die Zwiebel schälen, fein hacken und in der Butter anbraten, bis sie glasig wird. Die Fregola tostata zur Butter geben und unter ständigem Rühren kurz mitbraten. Das Ganze mit dem Wein ablöschen und so lange köcheln, bis der Wein fast verkocht ist. Dann so viel Gemüsebrühe auffüllen, dass die Fregola mit der Brühe bedeckt sind. Laufend umrühren und immer wieder Gemüsebrühe nachgießen, bis die Fregola al dente sind. Zum Schluss den Parmesan unterheben. Mit Grillsalz und „Pepper Mix“ nachwürzen.

Pfifferlinge

Das Rapsöl im Wok oder in der Gusspfanne erhitzen. Die Pfifferlinge in das heiße Öl geben und 3–4 Minuten unter ständigem Rühren anbraten. Dann die Blaubeeren hinzufügen und 30 Sekunden mitbraten. Mit Grillsalz und dem „Pepper Mix“ abschmecken.

2 EL	RAPSÖL
300 G	KLEINE PFIFFERLINGE
80 G	BLAUBEEREN
	„GRILLSALZ – KRÄFTIGE SALZFLOCKEN“
	„TOM'S PEPPER MIX“

Gebeizter Rehrücken mit Beeren und Salat

Die Grillgewürze und den Zucker vermengen. Den Rehrücken rundum mit der Mischung würzen und in Frischhaltefolie wickeln. 12 Stunden im Kühlschrank ziehen lassen.

Den Rehrücken aus der Folie nehmen und bei 60 °C im indirekten Bereich des Grills 20 Minuten mit dem Apfelholz räuchern.

Den Rehrücken vom Grill nehmen, auskühlen lassen, dünn aufschneiden und auf dem Salat anrichten. Mit den Himbeeren und den Pfifferlingen dekorieren.

Nun die Salate dekorativ auf vier Tellern anrichten, mit dem Himbeeressig beträufeln und mit dem Grillsalz und dem „Pepper Mix“ würzen. Das aufgeschnittene Fleisch neben den Salat legen. Zum Schluss das Ganze mit den Pilzen, den Beeren und der Chili Mayonnaise garnieren.

2 EL	„WILDES BARBECUE“-GEWÜRZ
1 EL	„DARK SIDE OF BBQ“-GEWÜRZ
1 EL	ZUCKER
800 G	REHRÜCKEN, SAUBER PARIERT
8–10	HIMBEEREN
16–18	BROMBEEREN
1 HANDVOLL	SCHWARZE JOHANNISBEEREN
4 EL	CHILI-MAYONNAISE 21
	„GRILLSALZ – KRÄFTIGE SALZFLOCKEN“
	„TOM'S PEPPER MIX“

AUSSERDEM

1 HANDVOLL	RÄUCHERSPÄNE APFEL

SALAT MIT PILZEN 137

Salat mit Pilzen

Die Salatherzen und den Chicorée der Länge nach halbieren. Die Schnittflächen mit etwas Olivenöl marinieren und leicht salzen. Dann auf dem vorgeheizten Grill bei ca. 250 °C und am besten auf einem Gussrost ca. 1 Minute auf der Schnittfläche branden, damit die Salate Röstaromen annehmen.

Die Buchenpilze ebenfalls 1–2 Minuten pro Seite auf dem Gussrost branden. Die Pfifferlinge auf einer eingeölten Gussplatte oder Gusspfanne 4–5 Minuten unter ständigem Bewegen grillen. Mit Salz und dem „Pepper Mix" abschmecken. Den Salat mit Essig und Öl marinieren.

4	SALATHERZEN
2	CHICORÉE
6 EL	OLIVENÖL
	„GRILLSALZ – KRÄFTIGE SALZFLOCKEN"
4 BÜNDEL	BUCHENPILZE
200 G	PFIFFERLINGE
	„TOM'S PEPPER MIX"
3 EL	HIMBEERESSIG
4 EL	**CHILI-MAYONNAISE** 21

Pfifferling-Tortilla

Die Zwiebel und den Knoblauch schälen und in möglichst kleine Würfel schneiden. Die Kartoffeln pellen und ebenfalls klein würfeln. 300 g Pfifferlinge grob hacken.

Die Eier in eine Schüssel schlagen und mit dem Knoblauch, der Zwiebel, den Kartoffeln, den gehackten Pilzen und dem Dost gut verrühren. Mit dem Grillsalz abschmecken.

Einen runden flachen Bräter oder eine Grillpfanne mit der Butter ausstreichen und die Eiermischung in den Bräter gießen.

Die Tortilla bei indirekter Hitze (180 °C) und geschlossenem Deckel 15 Minuten grillen. Mit den Beeren und den restlichen Pilzen belegen und nochmals 6–8 Minuten grillen. Vom Grill nehmen und mit dem Rosmarin dekorieren.

1	KLEINE ZWIEBEL
1	KNOBLAUCHZEHE
2	GEKOCHTE KARTOFFELN
350 G	PFIFFERLINGE
6	BIO-EIER
1 ½ TL	FEIN GEHACKTER DOST
	„GRILLSALZ – KRÄFTIGE SALZFLOCKEN“
1 EL	BUTTER
1 HANDVOLL	SCHWARZE JOHANNISBEEREN
	ROSMARIN ZUM DEKORIEREN

Wildente mit mediterranem Gemüse

Die Ente mit dem Olivenöl einpinseln und sorgfältig mit dem Grillgewürz würzen. Die Paprikaschoten vom Kerngehäuse befreien und in mundgerechte Stücke schneiden. Die Zucchini und die Aubergine von den Enden befreien, der Länge nach halbieren und in etwa 1 cm dicke Scheiben schneiden. Den Knoblauch und die Zwiebel schälen und fein hacken. Die Mini-Fenchel in mundgerechte Stücke schneiden.

Das ganze Gemüse und den Rosmarin in einen Dutch Oven geben und mit der Brühe aufgießen. Die Zitrone halbieren und gemeinsam mit dem Beifuß in den Bauchraum der Ente füllen. Die Wildente auf das Gemüse legen und den Dutch Oven mit dem Deckel verschließen. Das Ganze bei 180 °C indirekter Hitze und geschlossenem Deckel 40 Minuten grillen. Nach den 40 Minuten den Deckel vom Guss Topf entfernen und die Ente mit dem Sud vom Gemüse übergießen. Weitere 10 Minuten bei geschlossenem Deckel grillen. Währenddessen das Übergießen noch zweimal wiederholen.

1	WILDENTE, KÜCHENFERTIG
2 EL	OLIVENÖL
1 ½ EL	„TOM'S CHICKEN, PORK & MORE"-GEWÜRZ
2	ROTE PAPRIKASCHOTEN
2	ZUCCHINI
1	AUBERGINE
2	KNOBLAUCHZEHEN
1	ZWIEBEL
3	MINI-FENCHEL
3	ZWEIGE ROSMARIN
750 ML	GEMÜSEBRÜHE
1	ZITRONE
2	ZWEIGE BEIFUSS
1 TL	„GRILLSALZ – KRÄFTIGE SALZFLOCKEN"

Wildschwein-Ribs

Die Knochenhaut von den Ribs entfernen. Dann die Ribs mit der Hälfte der Gewürzmischung kräftig würzen, eng in Frischhaltefolie einwickeln und 2 Stunden ziehen lassen Die Ribs aus der Folie nehmen und bei direkter hoher Hitze auf der Fleischseite grillen, bis sie Röstaromen bekommen.

100 ml Tannenzäpfle mit 1 EL Honig vermischen. Jeweils 2 Ribs mit der Fleischseite nach oben auf ein Butchers Paper legen und 50 ml Tannenzäpfe-Honig-Mischung angießen. Das Paper jeweils zu einem Päckchen zusammenfalten und die Ribs bei indirekter Hitze (120 °C) 2 Stunden bei geschlossenem Deckel grillen.

Das restliche Tannenzäpfle, den restlichen Honig, Ingwer, Sojasauce, Ketchup sowie den Rest des Wilden BBQ Gewürzes verrühren. Den Knoblauch dazupressen und nochmals verrühren.

Nach den 2 Stunden die Päckchen öffnen und etwas ausdampfen lassen. Die Ribs mit der Marinade bestreichen und die Hitze auf 180 °C erhöhen. Die Päckchen nicht mehr verschließen. Die Ribs weitere 20–30 Minuten bei geschlossenem Deckel grillen, dazwischen nochmals mit der Marinade einpinseln. Sollte Marinade übrig bleiben, einfach in ein Glas füllen und bis zu 2 Wochen im Kühlschrank aufbewahren.

Die Ribs in Portionen zerteilen und mit dem Rosmarin und dem Dost dekorieren.

4 REIHEN	BAUCHRIPPEN VOM WILDSCHWEIN
4 EL	„WILDES BARBECUE"-GEWÜRZ
150 ML	TANNENZÄPFLE-BIER
4 EL	HONIG
1 EL	FEIN GERIEBENER INGWER
4 EL	SOJASAUCE
2 EL	GUTES KETCHUP
2	KNOBLAUCHZEHEN
2 BOGEN	BUTCHERS PAPER (ALTERNATIV MIT BACKPAPIER BELEGE ALUFOLIE)
	ROSMARIN UND DOST ZUM DEKORIEREN

Fisch

Im Sommer hatte ich die Gelegenheit, zusammen mit Markus und Karin vom den MATAK Studios den Bodenseefischer Franz Blum bei seinem Fischfang zu begleiten. Franz betreibt seinen Fischereibetrieb am Bodensee bereits in der 3. Generation – und Franz hieß auch schon sein Vater und Franz heißt ebenso sein Sohn, der hoffentlich den Betrieb in der 4. Generation weiterführen wird.

Bei den „Fränzles", wie die Einheimischen die Familie liebevoll nennen, wird der komplette Fisch verarbeitet. Was sie nicht frisch verkaufen, wird entweder geräuchert, eingelegt oder im hauseigenen Restaurant den Gästen serviert.

Am Tag unseres Besuches fuhr Franz schon morgens um 5:00 Uhr auf den Bodensee, um die Netze auszulegen. Wir kamen dann gegen 7:00 Uhr an seinen Liegeplatz und fuhren gemeinsam auf den See, um die Netze einzuholen. Der Franz ist ein wahnsinnig netter Zeitgenosse mit einer guten Portion Schlitzohrigkeit. Bei der Fahrt zu den Netzen erzählte er mir unzählige Geschichten über das Fischen, den Bodensee und sonst noch allerlei Fischerlatein.

Da das Boot von Fischer Franz groß genug war, habe auch gleich meinen MiniMax mit an Bord genommen, für den Fall, dass wir doch den einen oder anderen Fang machen. Und siehe da, angekommen zogen wir sogleich ein paar wirkliche Prachtexemplare ins Boot. Einen der Barsche haben wir dann direkt miteinander zubereitet – also frisch gefangen, ausgenommen, geschuppt und sofort auf den heißen Grill, so quasi als zweites Frühstück. Ich habe noch nie in meinem Leben einen so guten, frischen Fisch gegessen.

Den Fisch haben wir übrigens ganz einfach zubereitet: Die beiden Enden einer Zitrone abgeschnitten und diese auf den heißen, indirekt eingestellten Grill gestellt. Den gewürzten Barsch einfach über die Zitrone gestellt, damit der auf dem Grill steht. Anschließend so ca. 30 Minuten bei 180 °C gegrillt.

Big Green Egg

Bodensee-Barsch mit Amalfi-Zitronen und Dostöl

Der Barsch aus dem Bodensee ist bei uns in Vorarlberg ein äußert beliebter Speisefisch. Der Barsch heißt bei uns übrigens „Kretzer", in der benachbarten Schweiz „Egli". Bei diesem Fisch braucht es kein großes Drumherum, je einfacher, desto besser. Mein Lieblingsrezept im Sommer ist dieser zitronige Barsch mit Kräuteröl – schlicht und ohne Chichi, dafür mega im Geschmack.

Die Amalifi-Zitronen waschen und in ca. 1 cm dicke Scheiben schneiden. Die Scheiben beidseitig mit dem Zucker bestreuen und etwa 30 Minuten ziehen lassen. Die Blätter von den Dostzweigen abzupfen und fein hacken. Die Blüten zur Seite legen. Die feingehackten Blätter sorgfältig mit dem Olivenöl und dem Fischgewürz vermischen.

Eine Plancha auf dem Grill bei direkter Hitze auf 250–300 °C erhitzen. Die Barsche ca. 15–20 Minuten pro Seite grillen. Die gezuckerten Zitronenscheiben ca. 6–8 Minuten pro Seite grillen, bis sie weich sind und Röstaromen entwickelt haben.

Wenn beides fertig ist, die Zitronenscheiben auf zwei großen Tellern verteilen und je einen Barsch darauflegen. Die Haut des Barsches entlang der Kiemen bis nach hinten zum Schwanz vorsichtig bis zum Fleisch einschneiden und vom Fisch heben. Den Barsch und die Zitronen mit dem Dostöl beträufeln und mit den Blüten dekorieren.

3	BIO-AMALFI-ZITRONEN
2 EL	BRAUNER ZUCKER
2	BARSCHE, JE CA. 400 G, KÜCHENFERTIG
4 ZWEIGE	DOST MIT BLÜTEN
1 TL	„TOM'S FISH & MORE"-GEWÜRZ
5 EL	GUTES OLIVENÖL

Gebeizte und geräucherte Forelle mit Beifuß und Brodjes

Ich habe unter meinen Bekannten viele Hobbyfischer, die mich ab und zu mit einer Forelle glücklich machen. Und die ist bei mir auf dem Grill immer willkommen. Ob kurz gegrillt, geräuchert oder gebeizt – Forelle geht immer. Dieses Rezept hier mache ich sehr gerne als Vorspeise oder Zwischengang für Gäste. Zugegeben, es ist etwas aufwendiger, gibt aber optisch was her und schmeckt wirklich Bombe.

Zu dem Fisch reiche ich gerne Brodjes. Das Rezept zu diesem Grillbrot stammt aus Südafrika, wo es zum traditionellen Braai (dem südafrikanischen BBQ) gereicht wird. Dort zwar nicht mit Preiselbeeren, dafür gerne mit dem südafrikanischen Avocado-Sambal oder anderen Dips.

Die Haut der Forellenfilets mit einem sehr scharfen Messer entfernen. Das Salz und den Zucker sorgfältig miteinander vermischen. Die Filets damit von beiden Seiten würzen und mit den Beifußblättern belegen. Anschließend vorsichtig in Frischhaltefolie wickeln, sodass diese eng anliegt. Den gewürzten Fisch über Nacht im Kühlschrank für mindestens 8 Stunden ziehen lassen.

Für das Finish einen Grill mit Deckel auf indirekte Hitze (40–50 °C) einstellen. 1 Handvoll Tannenzweige in die Glut legen und die ausgepackten Filets bei geschlossenem Deckel 15 Minuten im Tannenrauch aromatisieren.

Zum Servieren die Butter sorgfältig mit dem Tannentriebesalz vermischen und auf die Brodjes streichen. Die Konfitüre mit der Sojasauce und dem Pfeffer vermischen und dekorativ auf die Butter setzten. Mit der geräucherten Forelle anrichten.

2	FORELLENFILETS
1 TL	SALZ
1 EL	ZUCKER
2 EL	FRISCHE BEIFUSSBLÄTTER
3–4	TANNENZWEIGE (ZUM ANRICHTEN UND RÄUCHERN)
2 EL	**GEZUCKERTE CRANBERRYS** **26**

Brodjes mit Butter und Preiselbeeren

Das Hefepulver in einer Schüssel mit dem Zucker und etwas von der Milch mischen. 5–10 Minuten stehen lassen, bis die Mischung Blasen bildet.

In einer weiteren Schüssel das Mehl mit dem Salz mischen und langsam die zerlassene Butter sowie die restliche Milch beifügen. Die Hefemixtur dazugeben und alles zu einem Teig kneten. Den Teig in einer leicht eingefetteten Schüssel, zugedeckt mit einem feuchten Tuch, ca. 1 Stunde gehen lassen, bis sich sein Volumen verdoppelt hat.

Nach der Gehzeit den Teig in 12–16 Stücke teilen, zu flachen, runden Brötchen formen und nochmals 15 Minuten aufgehen lassen. Dann die Brötchen direkt bei 200–250 °C auf dem Konveggtor (Big Green Egg) oder auf dem Pizzastein bei geschlossenem Deckel von jeder Seite ca. 8–10 Minuten knusprig-braun backen. Sie sind fertig, wenn das Klopfen auf die Unterseite hohl klingt.

1 PCK.	TROCKENHEFE
40 G	ZUCKER
175 ML	MILCH
300 G	MEHL
1 PRISE	SALZ
60 G	BUTTER, ZERLASSEN
4 EL	WILDPREISELBEERKONFITÜRE
1 TL	GROB GESCHROTETER PFEFFER
1 TL	SOJASAUCE

FÜR DIE BUTTER:

100 G	WEICHE BUTTER
1 TL	TANNENWIPFELSALZ 19

Wels mit Wakame und Pilzen

Beim Wels scheiden sich die Geister: Entweder man mag ihn oder man mag ihn eben nicht. Und ich muss zugeben – je nach Alter, Größe und Wasser, in dem er lebte, kann der Wels tatsächlich einen dominanten Eigengeschmack haben. Aus diesem Grund werden Welse mittlerweile vielerorts auch in Becken gezüchtet. Diese Zuchtwelse haben eher einen neutralen Geschmack und sprechen so auch eine breitere Masse an. Mein Fall ist das allerdings nicht so und zum Glück gibt es in der Gegend, in der ich wohne, in den natürlichen Gewässern auch viele wilde Welse. Auf dem Grill bereite ich diesen gerne mit asiatischen Geschmacksnoten zu. Das folgende Rezept funktioniert übrigens auch mit Aal.

Das Fischfilet in 8 gleich große Stücke schneiden. 2 Filets in einem Abstand von 1–2 cm auf zwei Metallspießen stecken. Die Sojasauce, den Honig, den Yuzu-Saft und den Ingwer sorgfältig zu einer Marinade vermischen und die Welsfilets rundum mit der Marinade einpinseln. 30 Minuten ziehen lassen.

Den Wakame-Salat mit beiden Sesamsorten sowie dem Sesamöl vermischen. Eventuell mit Chiliflocken nachwürzen. Die Frühlingszwiebeln in feine Ringe schneiden.

Die Pilze in einem Gefäß mit dem Erdnussöl und dem „TingTing"-Gewürz gut vermischen, dann in einem feuerfesten Sieb direkt über der heißen Glut unter ständigem Schwenken 6–8 Minuten rösten. Wichtig ist, dass die Pilze leichte Röstaromen bekommen und angegart, aber nicht durchgegart sind. Sie sollen ruhig noch etwas Biss haben.

Zum Grillen der Welsfilets eine Plancha (oder eine Grillplatte mit Rippen) auf ca. 250–280 °C erhitzen. Die Spieße darauf ca. 4–5 Minuten pro Seite grillen.

Zum Servieren zuerst die Pilze auf vier tiefe Teller verteilen, dann den Wakame-Salat darübergeben. Die Filets darauf platzieren und mit den Frühlingszwiebelringen und dem Koriander garnieren. Zum Schluss mit den Chiliflocken (Menge je nach Geschmack) bestreuen.

1 KG	WELSFILET OHNE HAUT
8 EL	SOJASAUCE
2 ½ EL	HONIG
1 EL	YUZU-SAFT
1 TL	GERIEBENER INGWER
500 G	WAKAME-SALAT (AUS DEM ASIALADEN)
2 EL	GERÖSTETER WEISSER SESAM
1 EL	SCHWARZER SESAM
1 EL	SESAMÖL
6	FRÜHLINGSZWIEBELN
600 G	BABY-KRÄUTERSEITLINGE
4 EL	ERDNUSSÖL
1 TL	„TINGTING ASIATISCHES GRILLGEWÜRZ"
1 EL	MILDE CHILIFLOCKEN
1 HANDVOLL	FRISCHE KORIANDERBLÄTTER

AUSSERDEM

8	DÜNNE METALLSPIESSE
	FEUERFESTES SIEB

Flusskrebse

Früher waren Flusskrebse in unseren Breitengraden weit verbreitet, heute findet man sie leider nur noch auf der Speisekarte von Gourmet-Restaurants. Dabei haben Flusskrebse bei uns eine lange Geschichte: Schon in Kaiser Maximilians I. Jagd- und Fischereibüchern in den Alpenländern im 16. Jahrhundert war der Krebsbestand in Österreich aufgelistet, außerdem wurden mögliche Fangmethoden beschrieben.

Durch die zunehmende Verbauung, Nutzung und der damit verbundenen Verschmutzung der Gewässer dezimierte sich der Flusskrebsbestand mit der Zeit allerdings rapide. Für einen weiteren Rückgang der Bestände war die sogenannte Krebspest verantwortlich. Diese Seuche hat im letzten Jahrhundert mehrmals gewütet und die heimischen Flusskrebsbestände praktisch ausgelöscht.

Durch den verstärkten Umweltschutz und die Renaturalisierung einzelner Flussläufe in den letzten Jahren und Jahrzehnten beginnt sich der Flusskrebs glücklicherweise langsam wieder anzusiedeln. Zudem gibt es einige Pioniere, die sich auf die Zucht von Flusskrebsen spezialisiert haben. Eine der gängigsten Krebsarten, die als Zuchttiere angeboten werden, ist der sogenannte Edelkrebs.

Flusskrebse mit Artischocken und Zitrone

Für die Zubereitung von Flusskrebsen braucht es nur wenige gute Zutaten: Artischocken, Wasser, Zitronen und eine richtig gute Gewürzmischung. Ich nehme am liebsten das „Mississippi Barbecue Rub", welches ich zusammen mit meinem Partner Stay Spiced entwickelt habe. Diese Mischung bringt den richtigen New-Orleans-Geschmack in dieses tolle Gericht. Sie können alternativ natürlich eine andere Gewürzmischung verwenden oder die Gewürze selbst mischen.

Den Grill auf direkte Hitze (ca. 250 °C) einstellen. Einen großen Dutch Oven mit dem Wasser auf dem Grill zum Kochen bringen. Die Artischocken vierteln, die Zitronen in ca. 1 cm dicke Scheiben schneiden und beides ins kochende Wasser geben. Die Gewürzmischung einrühren und die Edelkrebse in die kochende Flüssigkeit geben. Die Räucherspäne in der Glut verteilen und den Deckel des Grills schließen, damit alles gut Rauch aufnehmen kann. Das Ganze ca. 30 Minuten kochen lassen.

Die Krebse mit den Zitronen und den Artischocken aus dem Sud heben und auf einer großen Platte oder einem großen Teller servieren. Ich stelle die Platte immer in die Mitte des Tisches, damit sich alle selbst bedienen können.

2 L	WASSER
4	ARTISCHOCKEN
5	BIO-ZITRONEN
4 EL	„MISSISSIPPI BARBECUE RUB"
1 KG	EDELKREBSE (GEKOCHT ODER ROH)

AUSSERDEM

2 HANDVOLL	RÄUCHERSPÄNE APFEL

Der Wasserbüffel

Die Wasserbüffel sind urtümliche Tiere, die ihr Erbgut seit tausenden von Jahren kaum verändert haben. Auch heute noch leben sie beispielsweise das ganze Jahr über im Freien. Sie waren zwar bereits vor 125.000 Jahren in Mitteleuropa weit verbreitet, sind dann hier aber fast ausgestorben und ihr Verbreitungsgebiet schrumpfte auf Indien, Indonesien und Südostasien. Das ändert sich allerdings gerade wieder. Da heutzutage für viele Bauern die Zustände für die Hochleistungstiere in der Fleisch- und Milchindustrie der westlichen Welt nicht mehr zu verantworten sind, entscheiden sich immer mehr Landwirte für den Wasserbüffel als Alternative zum Rind.

Das Büffelfleisch hat im Vergleich zu Rindfleisch einen viel höheren biologischen Nährwert und einen höheren Mineralstoff- bzw. Vitamingehalt. Richtig zubereitet ist es außerdem zarter als klassisch gereiftes Rindfleisch, hat einen guten eigenen Geschmack und eine wild aromatische Note. Bei der Zubereitung auf dem Grill muss man beachten, dass das Fleisch, ähnlich dem Wildfleisch, sehr mager ist, also wenig intramuskuläres Fett enthält, und eine sehr feinfaserige Textur hat.

In meiner Heimat Vorarlberg gibt es einen jungen Mann, Bernd Gerer, der mit seiner stattlichen Wasserbüffel-Herde in Höchst direkt am Bodensee lebt. Neben dem Fleisch, das er nach regelmäßigen Schlachtungen ab Hof verkauft, macht er aus der sehr fetthaltigen Milch des Wasserbüffels außerdem Mozzarella, Joghurt und Speiseeis.

Ich verwende die Produkte des Wasserbüffels gerne bei meinen Seminaren und Veranstaltungen – die Geschichte rund um dieses Tier und die leichte Ähnlichkeit seines Fleisches zum Wildfleisch sind für die Gäste immer eine bereichernde Überraschung.

Gegrillte und Geschmorte Beinscheibe vom Wasserbüffel mit Ratatouille „Tom Style"

Die Beinscheiben beidseitig großzügig mit dem „Tom's Beef, Wild & More"-Gewürz bestreuen. Das Fleisch auf dem Grill bei direkter Hitze (240–300 °C) von jeder Seite 3–4 Minuten grillen, sodass ein Branding entsteht und das Fleisch Röstaromen bekommt. Die Beinscheiben bis zur weiteren Verwendung zur Seite legen.

Die Zwiebeln achteln. Die Paprika vom Kerngehäuse befreien und in 2–3 cm große Stücke schneiden. Den Strunk von den Auberginen entfernen und das Gemüse in etwa 2 cm große Würfel schneiden. Die Tomaten mit Wasser abspülen.

Den Grill auf indirekte Hitze (200 °C) einstellen. Eine Petromax-Pfanne auf den Grill stellen und 2–3 EL Olivenöl darin erhitzen. Wenn das Öl richtig heiß ist, Zwiebel, Paprika und Auberginen unter ständigem Rühren 2–3 Minuten darin anbraten. Anschließend die Tomaten dazugeben und das Ganze mit dem Weißwein ablöschen. Köcheln lassen, bis der Weißwein eingekocht ist. Dann den Knoblauch andrücken und mit dem „Cyprus Hills"-Gewürz zum Gemüse geben. Die Beinscheiben auf das Schmorgemüse legen und die Rinderbrühe angießen. Das Ganze auf dem Grill mit geschlossenem Deckel bei ca. 160 °C ungefähr 2 Stunden garen.

4	BEINSCHEIBEN VOM WASSERBÜFFEL, CA. 3 CM DICK
2–3 EL	„TOM'S BEEF, WILD & MORE"-GEWÜRZ
3	MITTELGROSSE WEISSE ZWIEBELN, GESCHÄLT
2	GELBE PAPRIKASCHOTEN
2	ROTE PAPRIKASCHOTEN
2	MITTELGROSSE AUBERGINEN
400 G	KIRSCHTOMATEN
3–4 EL	OLIVENÖL
200 ML	WEISSWEIN
2	KNOBLAUCHZEHEN, GESCHÄLT
600 ML	RINDERFOND
2 EL	„CYPRUS HILLS"-GEWÜRZ

Geräucherter Büffelmozzarella mit Feuertomaten und Salzzitrone

Den Grill auf indirekte Hitze (60 °C) einstellen. Beim Gasgrill eine Räucherbox verwenden, beim Kugelgrill die Räucherspäne auf die Glut geben. Den Mozzarella 3–4 Minuten räuchern. Die Tomaten in einem Metallsieb direkt über dem Feuer (beim Gasgrill über dem Seitenkocher) schwenken, bis sie aufplatzen. Die Tomaten in ein Gefäß geben und mit dem Tannenwipfel-Essig und 2 EL Olivenöl marinieren.

Die Tomaten halbieren und auf vier Teller verteilen. Den Mozzarella jeweils auf den Tomaten anrichten. Die Salzzitrone mit dem restlichen Olivenöl mischen und über darübergeben. Etwas salzen und mit dem Basilikum dekorieren.

4	KLEINE BÜFFELMOZZARELLA
30	KIRSCHTOMATEN
2 EL	**TANNENWIPFELESSIG MIT HOLUNDERBLÜTEN** 17
6 EL	OLIVENÖL
1 EL FEIN	**GEHACKTE SALZZITRONE** 19
2 HANDVOLL	BASILIKUMBLÄTTER
	„GRILLSALZ – KRÄFTIGE SALZFLOCKEN“

AUSSERDEM	
1 HANDVOLL	RÄUCHERSPÄNE APFEL
	FEUERFESTES SIEB

The Büffel Hammer mit Speckcrunch und Zucchini

Seit einiger Zeit ist der „Beef Hammer", die geschmorte Rinderwade, ein großes Thema in den Grill- und Kochforen. Für dieses Buch habe ich mal eine Version vom Wasserbüffel probiert – the Büffel Hammer!

Die Büffelwade in der Mitte rundum bis zum Knochen mit einem scharfen Messer einschneiden. Anschließend bis zum dünneren Teil des Knochens das Fleisch sauber vom Knochen entfernen. (Das abgeschnittene Fleisch säubere ich von den gröbsten Sehnen und Flachsen, schneide es in Würfel und friere es für die spätere Verwendung ein, z. B. für Burger Patties oder Gulasch.) Das an der zweiten Knochenhälfte verbliebene Fleisch mehrmals mit einer Küchenschnur umbinden (siehe Foto), dann mit Olivenöl einreiben und mit dem „Beef, Wild & More"-Gewürz rundum einreiben.

Das Big Green Egg auf indirekte Hitze (140 °C) einstellen und den Büffel Hammer in die Mitte des Rostes legen. Daneben die Speckscheiben platzieren und alles bei geschlossenem Deckel 20 Minuten grillen. Den Speck vom Grill nehmen und auf einem Küchenpapier abkühlen lassen. Den Deckel des Eggs wieder schließen und den Büffel Hammer 6–7 Stunden bei max. 140 °C weitergrillen. Während der letzten 2 Stunden mehrmals rundherum mit der BBQ Sauce bepinseln. Am Ende soll das Fleisch übergart sein und nach dem Entfernen der Küchenschnur vom Knochen fallen.

Die gegrillten Zucchinischeiben auf einem großen Teller verteilen. Den abgekühlten Speck in nicht zu kleine Teile zerbröseln. Den Büffel Hammer auf das Gemüse setzten und die Küchenschnur vorsichtig entfernen. 2–3 EL BBQ-Sauce auf das Fleisch geben und den Speckcrunch darüberstreuen.

1	BÜFFELWADE AM KNOCHEN, CA. 2½–3 KG
3–4 EL	OLIVENÖL
3 EL	„TOM'S BEEF, WILD & MORE"-GEWÜRZ
8	DÜNNE SCHEIBEN GERÄUCHERTER BAUCHSPECK
15 EL	**BBQ-SAUCE** 23

AUSSERDEM KÜCHENSCHNUR

ZUCCHINI-GEMÜSE 165

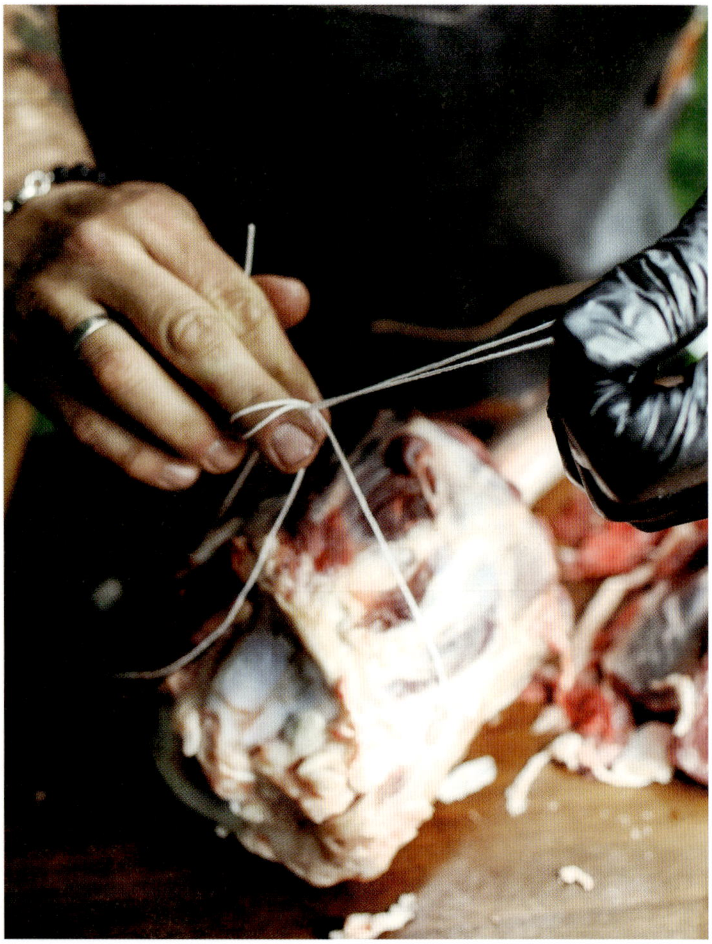

Zucchini-Gemüse

Die Zucchini waschen und in etwa 1 cm dicke Scheiben schneiden. Die Scheiben auf einem Küchenpapier auslegen und mit dem Grillsalz bestreuen. 15 Minuten ziehen lassen, bis deutlich Flüssigkeit auf der Oberfläche zu sehen ist. Die heiße (ca. 250–300 °C) Platte des Ofyr (oder eine Plancha) mit dem Olivenöl einölen und die Zucchinischeiben auf die Platte legen. Mit dem Veggie-Gewürz bestreuen und 3–4 Minuten grillen. Wenden, erneut mit dem Veggie-Gewürz bestreuen und noch einmal 3–4 Minuten grillen.

3	MITTELGROSSE GELBE ZUCCHINI
3	MITTELGROSSE GRÜNE ZUCCHINI
	„GRILLSALZ – KRÄFTIGE SALZFLOCKEN“
2–3 EL	OLIVENÖL
1 EL	„TOM'S VEGGIE“-GEWÜRZ

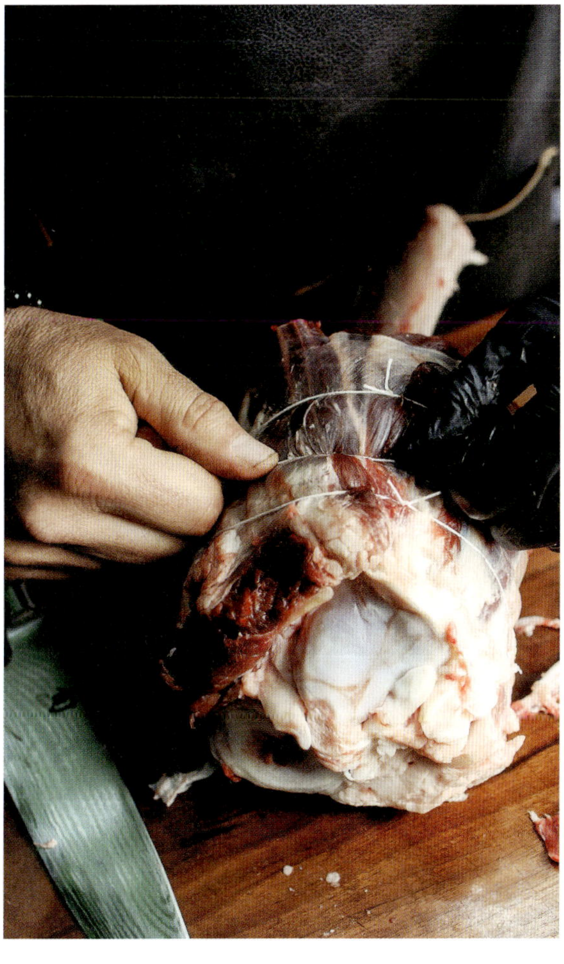

Wasserbüffel-Ribs mit Selleriepüree

Die Silberhaut auf der Knochenseite abziehen. Die Ribs mit der Grillgewürz großzügig würzen. Das Big Green Egg auf indirekte Hitze 80 °C einstellen. Die Späne auf die Glut legen und das Fleisch bei geschlossenem Deckel 2 Stunden räuchern. Danach die Ribs mit der Fleischseite nach oben auf das Butchers Paper legen und mit dem Apfelsaft begießen. Das Butchers Paper als Paket verschließen und die Ribs bei 120 °C ca. 5–6 Stunden ziehen lassen, bis sie eine Kerntemperatur von 88–90 °C erreicht haben.

1 LEITER	BÜFFELRIBS MIT 4–5 KNOCHEN
5 EL	„TOM'S BEEF, WILD & MORE"-GEWÜRZ
100 ML	APFELSAFT
1 HANDVOLL	BROMBEEREN
1 HANDVOLL	SCHWARZE JOHANNISBEEREN
2 EL	**CHILI-MAYONNAISE** 21
	KRÄUTER ZUM DEKORIEREN NACH GESCHMACK

AUSSERDEM

1 BOGEN	BUTCHERS PAPER (ALTERNATIV ALUFOLIE BELEGT MIT BACKPAPIER), CA. 20 CM LÄNGER ALS DIE RIBS
2 HANDVOLL	RÄUCHERSPÄNE BUCHE

Selleriepüree

Den Rost vom Grill entfernen und das Gemüse direkt in die Glut legen. Den Deckel schließen. Beim Gasgrill direkten Hitze (ca. 250 °C) einstellen. Das Gemüse unter gelegentlichem Drehen rundum grillen, bis es außen schwarz und innen weich ist. Das dauert ca. 50–60 Minuten, je nach Größe des Selleries und der Kohlemenge. Einfach mit den Fingern andrücken und kontrollieren.

Den Sellerie aufbrechen und das Innere mit einem Löffel herausholen. In einem Gefäß zusammen mit der Butter und der Milch mit einem Pürierstab fein pürieren Mit dem Grillsalz und dem „Pepper Mix" abschmecken.

Das Püree dekorativ auf einen Teller streichen. Die Rippen links und rechts vom Knochen zuschneiden und auf das Püree legen. Mit den Beeren, Dekokräutern und der Chili-Mayonnaise dekorieren. Mit etwas Grillsalz und „Pepper Mix" nachwürzen.

2	MITTELGROSSE SELLERIEKNOLLEN
100 G	WEICHE BUTTER
100 ML	MILCH
	„GRILLSALZ – KRÄFTIGE SALZFLOCKEN"
	„TOM'S PEPPER MIX"

Desserts

Obwohl Desserts nichts mit Wild, Wald und Weide zu tun haben, finde ich sie doch sehr wichtig – jedes Menü sollte mit einem guten Dessert abgeschlossen werden! Und dass Desserts gar nicht so aufwendig sein müssen, zeige ich hier.

Flambierte Birne

Die Birnen vierteln und vom Kerngehäuse befreien. Mascarpone, Vanille und Honig verrühren. Die Birnen auf der heißen Gussplatte mit der Schnittseite nach unten 2–4 Minuten grillen, dann wenden und mit dem Birnenbrand flambieren.

Die Pistazienkerne fein hacken. Die Birnen zusammen mit der Creme und den Rum-Rotwein-Zwetschgen anrichten und mit den Pistazienkernen bestreuen.

2	REIFE BIRNEN
250 G	MASCARPONE
1 TL	VANILLEPULVER
2 EL	HONIG
50 ML	WILLIAMSBRAND
2 EL	UNGESALZENE, GERÖSTETE PISTAZIENKERNE
8 EL	**RUM-ROTWEIN-ZWETSCHGEN** **29**

Birnen-Biskuit mit schwarzen Nüssen

Die Innenseite eines Dutch-Oven-Deckels mit der Butter einfetten. Die Eier mit einem Handmixer ca. 10 Minuten zu einer hellgelben Masse aufschlagen. Dann nach und nach Zucker sowie Backpulver und 1 Prise Salz dazugeben. Nach und nach das Mehl sehr vorsichtig unterheben, sodass die zuvor eingeschlagene Luft nicht wieder entweicht.

Den Teig in den eingefetteten Deckel füllen. Die Birnen schälen, halbieren und das Kerngehäuse ausstechen. Das Fruchtfleisch der Länge nach in feine Scheiben schneiden und auf der Oberfläche des Teiges verteilen. Die schwarzen Nüsse ebenfalls in feine Scheiben schneiden und auf die Birnen legen. Den Puderzucker gleichmäßig darüberstreuen. Bei indirekter Hitze (200 °C) ca. 25 Minuten backen. Nach dem Backen den Kuchen auskühlen lassen und mit der Preiselbeerkonfitüre dekorieren.

2 EL	BUTTER
4	BIO-EIER
120 G	ZUCKER
½ TL	BACKPULVER
1 PRISE	SALZ
140 G	MEHL
3	BIRNEN
4	**SCHWARZE NÜSSE** 27
2–3 EL	PUDERZUCKER
5 EL	PREISELBEERKONFITÜRE

Mohnnudeln mit Kirschen

Die Kartoffeln im Dutch Oven kochen, dann pellen und etwas abkühlen lassen. Durch eine Kartoffelpresse drücken und mit Mehl, Grieß, 1 Prise Salz, Muskatnuss, 50 g Butter und Eigelb zu einem Teig kneten. Den Teig anschließend auf einer bemehlten Arbeitsfläche zu daumendicken Rollen formen, diese in ca. 2 cm dicke Scheiben schneiden und zu länglichen Nudeln mit dünnen Enden formen. Wasser im Dutch Oven zum Kochen und die Nudeln schwach wallend köcheln, bis sie an der Oberfläche schwimmen. Mit einer Schaumkelle herausholen und abtropfen lassen.

Die restliche Butter auf einer heißen Grillpfanne zum Schmelzen bringen und den Zucker darin auflösen. Die Schupfnudeln dazugeben und rundum braten, bis sie Röstaromen bekommen. Den Mohn untermischen.

Die Kirschen mit der Weichselkonfitüre und dem Vanillezucker verrühren und zusammen mit den Mohnnudeln anrichten. Mithilfe einer Reibe die Schokolade über die Kirschen und die Mohnnudeln reiben.

500 G	MEHLIGKOCHENDE KARTOFFELN
100 G	MEHL (TYPE 405)
50 G	WEIZENGRIESS
	SALZ
1 PRISE	GERIEBENE MUSKATNUSS
100 G	BUTTER
2	EIGELB
3 EL	ZUCKER
5 EL	MOHN
300 G	EINGELEGTE KIRSCHEN OHNE STEIN
2 EL	SAUERKIRSCHKONFITÜRE
1 TL	VANILLEZUCKER
1 RIEGEL	WEISSE SCHOKOLADE
	MEHL FÜR DIE ARBEITSFLÄCHE

ROAST 'N ROLL
GRILL
TOM's
WERKSTATT
FOREVER

Tom Heinzle

Der gute Geschmacks- und Geruchssinn wurde dem gebürtigen Vorarlberger schon in die Wiege gelegt: Das Spiel mit den Aromen und hochwertigen Lebensmitteln ist genau sein Ding. Als kulinarischer Freigeist interpretiert der Grill Profi und Buch-Autor das Grillen neu – und kreiert mit seinem eigenen Grill-Stil außergewöhnliche Grill-Menüs.

Auch als Buch-Autor bleibt Tom seinem eigenen Stil treu: 2013 erschien sein erstes Buch „Wintergrillen“. Damit war Tom einer der Ersten, der das Grillen als Ganzjahresthema propagierte.

Anfang August 2014 folgte sein zweites Buch „Wild grillen“, das mit der Silbermedaille der Deutschen Gastronomischen Akademie und einem Gourmand World Cookbook Award ausgezeichnet wurde. Weiter vier Bücher folgten

Inzwischen ist der Grillexperte mit seinem 8. Buch „Wild gegrillt – Wald, Weide und Wasser“ am Start.

Tom Heinzle gibt im gesamten deutschsprachigen Raum Grillkurse, wird als Show-Griller auf Food Festivals gebucht, ist auf Gourmet-Messen präsent, arbeitet als Rezeptentwickler und Food Stylist für Magazine, und verwöhnt seine Gäste bei hochklassigen Chef Tables. Auch im TV ist Tom Heinzle als Experte regelmäßig zu Gast.

Für den Pionier einer neuartigen Grillkulinarik ist „Grillen“ mehr als nur Fleisch auf den Rost zu legen. Das Zubereiten von Speisen ist für Tom ein Gesamtschauspiel, inszeniert mit hochwertigen Lebensmitteln, stimmigen Getränken, atmosphärischem Ambiente und einer Portion Geselligkeit.

Im internationalen Grillgeschehen ist Tom Heinzle eine Ausnahmeerscheinung, er gilt als einer der besten Feuerköche, der auch ganze Menüs komplett auf dem Grill zubereitet und diese mit außergewöhnlichen Techniken spektakulär in Szene setzt.

Wer den sympathischen Grillmeister einmal live erleben möchte, sollte sich für eines der jährlich über 100 Events und Grillseminare im In- und Ausland anmelden und die Sinne ordentlich rocken lassen.

WEITERE EMPFEHLUNGEN FÜR SIE

208 Seiten, 205 x 255 mm, Hardcover
ISBN 978-3-96664-306-1
€ 29,95

200 Seiten, 210 x 260 mm, Hardcover
ISBN 978-3-95843-038-9
€ 24,99

208 Seiten, 210 x 260 mm, Hardcover
ISBN 978-3-95843-149-2
€ 29,95

80 Seiten, 183 x 225 mm,
Softcover
ISBN 978-3-95843-178-2
€ 12,99

160 Seiten, 183 x 225 mm,
Softcover
ISBN 978-3-95843-363-2
€ 18,–

176 Seiten, 160 x 260 mm,
Hardcover
ISBN 978-3-95843-789-0
€ 25,–

176 Seiten, 160 x 260 mm,
Hardcover
ISBN 978-3-96664-298-9
€ 25,–

144 Seiten, 210 x 260 mm,
Hardcover
ISBN 978-3-96664-296-5
€ 19,99

Unser komplettes Programm erhalten Sie in jeder Buchhandlung und unter www.heel-verlag.de

128 Seiten, 185 x 225 mm,
Softcover
ISBN 978-3-96664-187-6
€ 9,99